Kirgistan mit dem Motorrad

Abenteuer mit Muztoo

Von Marbie Stoner

Was ich nicht lebte,
werde ich ewig vermissen!

Inhaltsverzeichnis

Buchbeschreibung

"Na, wo geht es denn dieses Jahr hin?", wurden wir von Freunden und Kollegen gefragt.

"Nach Kirgistan, wir machen eine Rundtour mit Motorrädern!". war die Antwort.

"Aha, so so." Begleitet von Sitrnrunzeln, hochgezogenen Augenbrauen und Grübeltätigkeit.

"Wo ist das denn?!", kam als Nächstes.

Ja, irgendwo ist Kirgistan. Es liegt in Zentralasien an der chinesischen Grenze und ist umgeben von den anderen 'Stans': Usbekistan, Tadschikistan und Kasachstan. Die Silbe 'Stan' bedeutet 'Land'.

Warum nach Kirgistan? Die Begegnung mit einer fremden Kultur ist ein unvergessliches Erlebnis, ferner ist es ein Gebirgs- und Gletscherland, der höchste Berg ist der Dschengisch Tschokuso mit 7439 Metern. Der größte Walnusswald der Welt ist hier beheimatet und der Issyk Kul ist der größte Hochgebirgssee der Erde! Kirgisien ist ein

Rohdiamant, dessen Schönheit sich erst auf den zweiten Blick offenbart und ein Land, das mit Reichtümern nicht gesegnet ist. Es braucht den Tourismus, und die Kirgisen tun alles dafür, dass ihre Gäste sicher und gut aufgehoben sind. Atemberaubende, schroffe Landschaften und die freundlichen und zugewandten Menschen lassen die Reise zu einem unvergesslichen Abenteuer abseits der gewohnten Touristenhochburgen in Europa werden und entschädigen für staubige Schotterstrecken mit ihren Unwägbarkeiten.

Über die Autorin:

Marbie Stoner ist Jahrgang 1958, Mutter von zwei Töchtern, arbeitet in leitender Stellung im Gesundheitswesen und schreibt unter Pseudonym. Sie lebt im Main-Kinzig-Kreis in Hessen. Als leidenschaftliche Motorradfahrerin veröffentlichte sie bisher sieben Bücher mit Motorradreiseberichten aus Ost-Europa und

Marokko. Ihre Freizeit verbringt sie im Sommer auf dem Motorrad und im Winter vor der Staffelei.

Mit der: „Die Assistentin des Sisyphus" veröffentlichte sie ihren ersten Roman der Gegenwartsliteratur über ethische Entscheidungen am Lebensende.

1. Impressum

2. Auflage Oktober 2017

© Margitta Bieker, alle Rechte vorbehalten.

Rathausstr. 8, 63594 Hasselroth

Herstellung und Verlag:

TWENTYSIX – der Selfpublishing Verlag.

Eine Kooperation der Random House und

BOD – Books on Demand, Norderstedt.

ISBN: 978-3-7407-3238-7

Bildmaterialien im Buch:

© Margitta Bieker & Heinz Georg Schmittlein

& andere

Tracks: freundlich überlassen von Urs Jutz

Coverfoto: Margitta Bieker

**Bibliografische Informationen der
Deutschen Nationalbibliothek:**

Die Deutsche Nationalbibliothek verzeichnet

diese Publikation in der Deutschen

Nationalbibliografie, detaillierte biblio-

grafische Daten sind im Internet über dnb.de

abrufbar.

Tourverlauf (2200 km)

1. Tag: Papansee mit Passfahrt

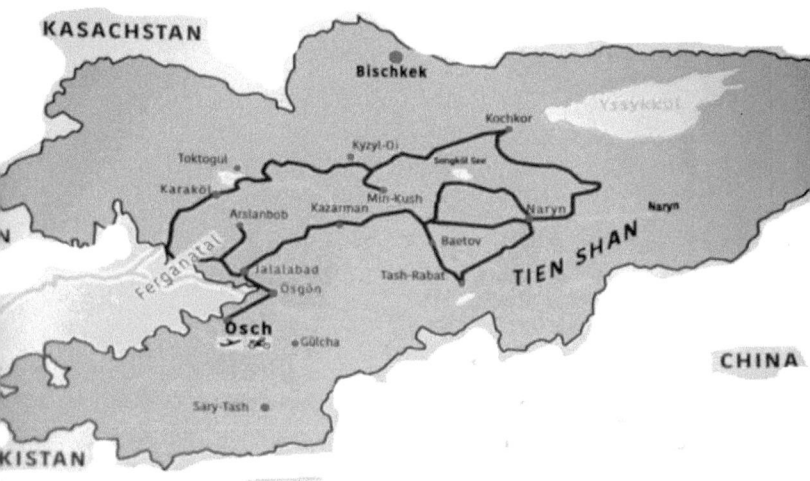

Abb. 1
Tourverlauf Tien Shan Tour. www.muztoo.ch,
Central Asia Motobike Travel

2. Tag: Von Osch über Ösgön nach Arslanbob
3. Tag: Zum Toktogul See
4. Tag: Fahrt nach Kyzyl-Oi
5. Tag: Weiterfahrt nach Kochkor
6. Tag: Nach Naryn
7. Tag: Sonköl See, die „Perle" Kirgistans

8. Tag: Rückfahrt nach Naryn

9. Tag: Zur Karawanserei Tash-Rabat

10. Tag: Passfahrt mit Aussicht über das Naryn Tal

11. Tag: Tien Shan

12. Tag: Über den Kaldama Pass nach Osch

13. Tag: Osch und Abreise

Mit dabei: **Marc** (Schweiz), **Gerd** (Deutschland), **Susanna** (Schweiz), **Urs der II.** (Deutschland), **Nicole** (Schweiz), **Ruedi** (Schweiz), **George** (Deutschland) und unser **Guide Urs Jutz** (Schweiz).

Kartenmaterial: Kyrgyzstan 1:750.000, Gizi Map **Reiseführer:** Flechtner/Schreiber, Kirgistan, Trescher Verlag, 4. Auflage 2015

2. Allgemeine Informationen über MuzToo, die geführte Tour und das Land

Aus dem Reisekatalog von MuzToo:

MuzToo bedeutet auf kirgisisch Schneeberg. Es ist ein kleines Schweizer Reiseunternehmen, deren Mitglieder teilweise in Kirgistan leben; einige sind nur während der Sommermonate vor Ort. Die Büros befinden sich in Osch / Kirgistan und in Arbon / Schweiz. Sie bieten geführte Motorrad- und Kulturreisen in Zentralasien und bereisen Kirgistan, Usbekistan, Tadschikistan, die Mongolei und Teile Chinas. Sie organisieren Reisen entlang der legendären Seidenstraße. Abseits von Touristenpfaden bewegen sie sich in diesen Ländern nicht nur professionell, sondern unterstützen gezielt Tourismus Angebote in den ärmeren Regionen.

Als Leihmaschinen bieten sie die handlichen Yamaha XT 600 E, die Reisegruppe fährt ohne Gepäck. Sie wird von einem Fahrzeug mit ortskundigem Fahrer begleitet, der Proviant, Treibstoff, Ersatzreifen und Teile einer Campingausrüstung wie Hocker und Benzinkocher mitführt. Im Fahrzeug finden auch Sozias oder vorzeitig ermüdete Fahrer Platz. Für mich beruhigend, falls es mir mit den unbefestigten Wegen zu viel wird. Der Schwierigkeitsgrad der Tour (S2) war laut der Katalogbeschreibung für Anfänger machbar.

Allerdings hatten wir sehr früh im Sommer 2016 gebucht, nachträglich für 2017 wurde der Schwierigkeitsgrad in S2 - S3 geändert, also auch steile Auf- und Abfahrten, vielseitiges Gelände und Flussdurchquerungen müssen beherrscht werden.

Kirgistan ist seit dem Zusammenbruch der Sowjetunion in 1991 ein offiziell demokratisch geführtes Land, das überwiegend von der Viehzucht und Landwirtschaft lebt, aber nicht einzudämmender Korruption ausgesetzt ist. Der Tourismus ist eine wichtige Einnahmequelle, denn 36% der Bevölkerung leben unter der Armutsgrenze.

Einreise:

Du benötigst einen noch 6 Monate über das Rückreisedatum hinaus gültigen Reisepass. Die Einreise nach Kirgistan ist seit Sommer 2012 für EU-Bürger sowie für Schweizer für einen Aufenthalt von max. 60 Tagen visumfrei.

Geldwechsel:

Die lokale Währung in Kirgistan ist der kirgisische Som, der nach wie vor an den US-Dollar gebunden ist. 1 US-Dollar ergibt ungefähr 70 SOM. 1 EURO entspricht 75 SOM (2017).

Schweizer Franken können nicht gewechselt werden. An den Bancomaten kann lokale Währung mit der VISA-Kreditkarte oder der PostFinance Card bezogen werden; Mastercard, Maestrokarte und weitere Bankkarten sind nur selten akzeptiert und Reiseschecks werden nicht akzeptiert. Am einfachsten zum Wechseln vor Ort sind DOLLARS und EUROS in einwandfreien und neuen, nicht eingerissenen Scheinen! Bitte nur 50er und 100er Scheine mitnehmen. Kleinere Scheine ergeben einen schlechten Kurs oder werden zum Teil nicht gewechselt. *George und ich hatten am Geldautomaten jedoch keine Probleme mit der Mastercard.*

Klima:

In Zentralasien herrscht Kontinentalklima, das heißt heiße und trockene Sommer und kalte Winter. Die Luftfeuchtigkeit ist gering, die Temperaturunterschiede groß. Es kann vorkommen, dass die Temperaturen in der Nacht auf nahe den Gefrierpunkt sinken können. Auf 3000 Metern kann es auch im August noch schneien. Die Sonneneinstrahlung ist stark und wird oft unterschätzt; ausreichender Sonnenschutz mit hohem Schutzfaktor und regelmäßiges Trinken sind unerlässlich.

Die Temperaturunterschiede zwischen Tag und Nacht sind im Gebirge auf 2500 – 3000 Metern ü. M. sehr groß; dies kann manchmal auch im Sommer bis zu 20°C ausmachen. Wetterumschwung, plötzlicher Wind und Kälte erfordern eine funktionelle Ausrüstung und eine optimale Anpassungsfähigkeit des Reisenden.

Kulturelles: Kirgistan ist ein islamisch geprägtes Land, dessen Traditionen wir als Gäste und Reisende achten wollen. Auch wenn die Kirgisen eine eher tolerante Haltung zum Islam einnehmen, gibt es auch hier Minderheiten, wie beispielsweise Usbeken, Tadschiken sowie andere Stammesangehörige islamischer Prägung. Das Leben spielt sich - wie im Orient üblich - während einem Schwatz auf der Straße, auf dem Markt, aber vor allem zu Hause in der

Familie ab. Bei unserer Einreise herrschte Ramadan, der Fastenmonat der Muslime.

Für Touristen nicht ohne Information erkennbar. Es gab in Restaurants dennoch mittags etwas zu essen.

Sprachen

Gesprochen werden die Sprachen Kirgisisch, Russisch und je nach Region auch Usbekisch und in sehr beschränktem Maße Englisch. Mit Anfangskenntnissen in Kirgisisch oder Russisch wie den gängigen Grußformeln, den Zahlen 1-10, vereinfachst Du Dir den Aufenthalt und bereitest den Einheimischen Freude.

Kulinarisches

Die Küche Kirgistans ist asiatisch und russisch geprägt und teilweise sehr einfach. Aber es gibt auch Einflüsse aus der türkischen Küche. In ländlichen Gebieten gibt es vor allem die vier bekanntesten Nationalgerichte:

Osch: Reisgericht mit Fleisch, Karotten und Zwiebeln;

Lagmann: Nudelgericht mit Gemüse und Fleisch;

Schaschlik: Fleischspieße aus Lamm- oder Rindfleisch

Beshbarmarak: ein typisch kirgisisches Schaffleischgericht.

Die Vielfalt an Lebensmitteln auf den Märkten ist je nach Erntezeit und Region beschränkt. Westliche Restaurants gibt es in den großen Städten wie Bishkek und Osch sowie in den Hotels am Issyk-Kul See.

Im Allgemeinen ist die Verpflegung reichhaltig, kohlenhydratreich und zumeist von Gurken, Tomaten, Zwiebeln und Yoghurt begleitet. Ein schmackhaftes frisches Brot wird zu jeder Mahlzeit gereicht. Die Getränke sind beschränkt auf Tee, Instantkaffee, Softdrinks, Bier und Wodka. Der Espresso von Olubek, unserem Fahrer des Begleitfahrzeugs, eigenhändig auf dem Benzinkocher hergestellt, erhielt durch den beständigen Instantkaffee eine völlig neue Wertigkeit. Vegetarisches Essen ist nur beschränkt gewährleistet. Zudem kann die Nahrungsumstellung zu Problemen mit der Verdauung führen. Spirituosen (Wodka) sind im Vergleich zu Deutschland sehr günstig zu kaufen.

Kleidung und Ausrüstung

Die Tour führte uns auf über 3500 Meter ü. M. Dort herrschen entsprechend kühle Temperaturen.

Schnelltrocknende Funktionswäsche (Unterwäsche), welche bei Bedarf ausgewaschen werden kann, ist vorteilhaft. Die langen Fahrten auf staubigen Straßen beanspruchen die Kleidung.

Ein Tipp: Falls Du noch Motorradkleidung hast, die Du nicht mehr anziehst oder Dir überlegst neu anzuschaffen: Nimm diese alte Kleidung mit auf die Reise und lasse sie am Schluss in Kirgistan. Es gibt eine wachsende Gruppe lokaler Motorradfahrer, die fast nicht an geeignete Kleidung kommen und auch über gebrauchte Sachen sehr froh sind.

Auch wenn die Kirgisen eine tolerante Einstellung in puncto Kleidungsstil pflegen, ist es wichtig, sich respektvoll dem normalerweise einfachen Straßenbild anzupassen und somit auf stark dekolletierte Oberteile sowie Shorts zu verzichten. Für die Kälte empfehle ich jedoch Unterwäsche aus Merinowolle. Sie stinkt am 5. Tag noch immer nicht, was Funktionswäsche nach zwei Stunden schon beweist.

Mobilfunk:

Auf den Hauptachsen besteht eine gute Mobilfunk Abdeckung, während abseits und im Gebirge die Abdeckung nur lückenhaft ist. SMS-Empfang/Versand funktioniert in der Regel gut.

Flexibilität:

Obwohl die Infrastruktur in Kirgistan und Tadschikistan in den letzten Jahren verbessert wurde, gibt es nach wie vor schlechte Straßen und die Unterkünfte sind je nach Region bescheiden. Wenn Straßenabschnitte gesperrt sind, ist eine Routenumstellung unumgänglich. Im Südwesten Kirgistans besteht touristisch immer noch großer Nachholbedarf, und die geeigneten Unterkünfte können manchmal trotz Reservierung während der Hauptsaison nicht verfügbar sein. Somit kann es vorkommen, dass man on tour auf eine Alternativlösung ausweichen muss; diese kann dann auch sehr einfach ausfallen.

MuzToo bei Facebook:
https://www.facebook.com/pg/Muz-Too-417469311599297/photos/?ref=page_internal

Ich danke Urs Jutz für seine Geduld mit mir auf manch anstrengenden Schotterstrecken, für sein Engagement, jedem in der Gruppe gerecht zu werden und sein Talent, sich auf neue Situationen sofort einstellen zu können.

Und ganz besonders möchte ich mich bei Olubek bedanken, der jeden Abend unermüdlich Schrauben festzog oder austauschte, Ketten schmierte, die Maschinen mit sehr viel Gründlichkeit kontrollierte und um das Wohlergehen der Gruppe mehr als nur besorgt war. Olubek, du warst klasse! Es war gut, dich dabei zu haben.

So – und ab hier beginnt der Reisebericht.

3. Freitag, 16.06.2017. Abflug von Düsseldorf

Wir hatten den Flug kostengünstig bereits im Oktober 2016 gebucht. Abflug um 16:00 Uhr, Ankunft in Moskau um 20:15 Uhr Ortszeit (eine Stunde Zeitverschiebung), Weiterflug nach Osh um 23:15 Uhr und Ankunft um 06:35 Uhr (vier Stunden Zeitverschiebung). Gefühlt landen wir also mitten in der Nacht. Die restliche Gruppe reist erst am nächsten Morgen an, weil wir uns mit der Flugbuchung im Datum geirrt hatten. Im Nachhinein eigentlich kein schlechter Irrtum. So haben wir noch mehr Zeit, uns zu akklimatisieren.

Alle Flüge haben Verspätung, so fliegen wir endlich gegen 17:00 Uhr ab. Die Security nimmt es sehr genau: Die Protektoren machen uns als Terroristen verdächtig. George muss sich im Separee in Anwesenheit zweier finster blickender Herren bis auf die Unterhose ausziehen. Bei mir reicht das Ausziehen der Stiefel und feste Griffe der Dame an und um die Protektoren herum. Sie rügt die unangemessene Bekleidung auf einem Flughafen und schüttelt den Kopf. Ich zucke mit den Schultern. Endlich bin ich durch, habe die Sachen aus den Körbchen wieder gefunden und die Stiefel angezogen. Von George keine Spur. Er wird doch nicht schon weiter im Duty Free Shop sein? Nein. Denn da sehe ich seine Stiefel auf dem Fließband, und ohne die wird er wohl nicht geflüchtet sein.

Endlich kommt er auf Socken hinter dem Verschlag hervor, mühsam beherrscht. Also, wenn ihr mal Lust auf Betatschen habt – fahrt zum Flughafen zur Security in Motorradkleidung mit Panzerhemd. Muss das alles sein? Vielleicht, wenn wir auf unsere Sicherheit bestehen. Wenn ihr euch das Prozedere allerdings ersparen wollt, nehmt die Protektoren vorher raus.

Die Landung in Moskau geht zügig vonstatten, wir gehen in den Transitbereich und werden wieder gecheckt. Aber nicht so gründlich. Die Tür zur Flughafenwelt in alle Richtungen öffnet sich bereits nach fünf Minuten. Stempel in den Pass und weiter geht es.

Weiterflug nach zwei Stunden Wartezeit, der Flieger ist gerammelt voll, auch viele Kleinkinder an Bord, die hoffentlich das Flugzeug nicht in eine Schreibude verwandeln. Nein, es ist ziemlich ruhig, ich kann sogar etwas wegduseln, als es um 23:45 Uhr endlich an den Start geht.

4. Samstag, 17.06.2017. Ankunft in Osh / Kirgistan

Die Adresse des Hotels lautet: Hotel Classic, 723500, Alieva Street 143, Osh. Vorsichtshalber hatte ich in Google Maps den Stadtplan mit der Straße in kyrillischen Buchstaben ausgedruckt. Sollte MuzToo unseren Shuttle vom Flughafen vergessen haben oder der Taxifahrer unsere Schrift nicht lesen können. Mann, das war eine Nacht! Völlig gerädert und mit roten, brennenden Augen betreten wir den übersichtlichen Flughafen. Es ist 8:30 Uhr Ortszeit, vier Stunden Zeitverschiebung zu Europa.

Ziemlich warm. Die Stadlerhose klebt mir an den Beinen fest, meine Füße sind angeschwollen, die Stiefel drücken. George geht es nicht anders. Nichts zu trinken, kein Frühstück, kein Kaffee. Das fängt nicht gut an. Hoffentlich können wir zum Hotel schnell durchstarten. George holt das Gepäck, ich sitze neben den Helmen und Rucksäcken, als mich ein Mann auf Englisch anspricht. Ich blicke auf seinen Motorradhelm in der Hand und überlege, ob es einer von unserer Gruppe sein könnte.

„Deutsch?", frage ich, weil sein Englisch so klingt. Er nickt.

„Willst du auch zu MuzToo?"

„Ja, da habe ich meine BMW letztes Jahr untergestellt. Dieses Jahr fahre ich in die Mongolei und bin schon das vierte Mal hier. Ich heiße Thomas."

„Du fährst alleine, ja? Nicht in der Gruppe?" Er nickt.

„Ich fahre immer allein, letztes Jahr war ich in Kasachstan." Ich bin beeindruckt.

„Willst du mit uns im Taxi fahren? Oder vielleicht werden wir von MuzToo abgeholt. Das geht bestimmt."

George kommt mir unseren Packtaschen. Grundgütiger, wie sollen wir das alles schleppen? Ich fühle mich total gerädert und stolpere schwankend mit den beiden zur

Passkontrolle. Die geht überraschend schnell, und wir stehen im gleißenden Sonnenlicht, morgens um 09:30 Uhr Ortszeit. Ich sehe das Schild „MuzToo" als erstes und winke aufgeregt. Gottseidank. Wir laden alles ein und ich stelle fest, dass das Lenkrad rechts ist.

„Ist hier etwa Linksverkehr?", frage ich alarmiert. Das hatte mir niemand gesagt!

„Nein, die kaufen sie nur billig in Japan, hier ist Rechtsverkehr." Thomas, unser Mitfahrer beruhigt mich. „Aber die Regierung will das verbieten, weil es so viele Unfälle beim LKW überholen gibt. Man sieht doch nichts, wenn man rechts sitzt." Aha.

Die Fahrt zum Hotel dauert etwa dreißig Minuten. Thomas erzählt uns von seinen Reisen, und dass er seine BMW mit einem 48 Liter Tank ausgestattet hat.

„Tankstellen in Tadschikistan sind nicht sehr häufig. Ich komme mit einer Ladung zirka 800 Kilometer weit, auch wenn der Sprit nur 80 Oktan hat, läuft die Maschine gut."

„Was kostet denn das Unterstellen bei MuzToo?", fragt George.

„Dreizehn Dollar im Monat, aber nur für das Stehen, keine Pflege der Maschine, nichts, steht noch nicht mal überdacht. Ist schon ein strammer Preis. Aber immer herfahren kann ich ja auch nicht, also nehme ich das in Kauf."

„Und was ist mit dem TÜV?", frage ich. „Der ist doch sicher schon lang abgelaufen?" Thomas winkt ab. „Ich musste ein wenig mit der Versicherung in Deutschland diskutieren. Es geht halt so lang, wie es geht."

Das Hotel Classic liegt mitten in Baustellen, zwanzig Gehminuten vom Zentrum entfernt.

Wir verabschieden uns von Thomas, der zu seiner Maschine fährt, um sie etwas aufzupeppen, morgen will er los.

Wir beziehen unser klimatisiertes Hotelzimmer mit zwei King Size Betten von je 1,20 Meter Größe, entledigen uns der verschwitzten Motorradbekleidung und springen unter die Dusche. Danach fallen wir ins Bett und schlafen bis 14:00 Uhr. Mann, bin ich fertig.

Als wir das Hotel einigermaßen rangiert verlassen, sehen wir acht Yamaha XTs vor dem Hotel stehen. Aha! MuzToo hat die Maschinen schon gebracht. Ich schiele nach der Niedrigsten. Die ist da, ein Glück. Wieder ein Problem weniger.

Wir brauchen kirgisische Som und suchen eine Bank. Gar nicht so einfach, die kyrillische Schrift lässt uns viel Rätselraten. Wir fragen einen Passanten, der etwas Englisch kann und uns ein Taxi vermitteln will. Wir lehnen dankend ab und finden zwar keine Bank, dafür einen Automaten, der Mastercard ausweist. Ich kenne aber meine Pin nicht. George hat sie auf dem Handy gespeichert, was im Hotel liegt. Na, klasse. Das ist Planung. Ich versuche also tapfer die EC Karte.

Soll nicht funktionieren laut Reiseführer. Und siehe da – es klappt tadellos! Anscheinend haben die Kirgisen aufgeholt. In Englisch werde ich durch das Programm geführt und hebe 7.500 Som ab, also circa 100 Euro.

Die letzte Mahlzeit ist mittlerweile zwölf Stunden her, wir brauchen Wasser und etwas zu essen. Es ist die Zeit des Ramadan, hoffentlich gilt das nicht für Touristen. Die Lokale sehen alle sehr geschlossen aus. 16 Uhr am Nachmittag ist wahrscheinlich nicht die richtige Zeit für einen Restaurantbesuch. Egal, Versuch macht klug. Die Tür steht offen, das Restaurant befindet sich im Park, hier ist es schattig und angenehm kühl. Im Hof weht ein leichter Wind. Die Mitarbeiter des Restaurants schauen uns etwas erschrocken an, aber die Frage nach Essen und Trinken in Englisch wird mit mehrfachem Kopfnicken quittiert und dankbar lasse ich mich in den Stuhl plumpsen.

Die Vögel zwitschern hier so laut, als säßen wir im Kölner Zoo in einer Riesenvoliere. Sagenhaft, diese Geräuschkulisse. Leider kann man sie durch die Bäume hindurch nicht sehen.

Für umgerechnet 40 Euro essen und trinken wir sehr reichhaltig und gut: Lammkoteletts, Salat, Entengeschnetzeltes, Pommes frites, frisch gepresster Orangensaft und echten Cappuccino, kein Tütengemetzel. Allmählich kehren meine Lebensgeister zurück, was Essen und Trinken so ausmacht ... kein Vergleich zu heute Morgen. George zahlt mit Kreditkarte und schlägt 10 % drauf. Er schreibt den tatsächlichen Betrag auf den Bon und bringt die Mitarbeiter damit ziemlich durcheinander. Sogar die Chefin kommt herbei, sie schüttelt irritiert den Kopf. Wir gehen davon aus, dass die Kasse nicht stimmt, wenn ein anderer Betrag als der Ausgewiesene bezahlt wird. Also lassen wir das und legen 300 Som in die Rechnungsmappe.

Abb. 2
Gruppe nach dem Ausflug zum Papansee.
Nagelprobe bestanden. Von links nach rechts
und oben beginnend: Nicole, Urs der Guide,
George, Urs der II., Marc, Ruedi, Susanna.

Sie bedanken sich herzlich, aber wirken irgendwie düpiert. Nun ja.

Ich bin gespannt auf morgen. Susanna schickte eine WhatsApp, sie sind in Berlin Tegel und warten auf den Weiterflug. Wir sind über unsere Entscheidung, einen Tag früher anzureisen, mehr als glücklich. Nichts hätte mich heute auf die Yamaha gebracht.

5. Sonntag, 18.06.2017. Hitzetest in Osh

Gut ausgeschlafen sitzen wir beim Frühstück und warten auf den Rest der Gruppe. Um 08:30 Uhr treffen sie ein, von der langen Reise genauso geschlaucht wie wir.

„Zwölf Stunden keine Zigarette, Mann, ich weiß nicht, wann ich das letzte Mal so lange nicht geraucht habe!", sagt Ruedi. Ich nicke verständnisvoll. Ging mir genauso.

Wir sitzen zusammen und trinken noch einen Tee, bevor sich die anderen ans Duschen und Schlafen begeben.

„Heute fahren wir kein Motorrad mehr, erst morgen", klärt uns Urs, unser Guide auf. „Wir gehen heute Nachmittag in eine Garküche essen, dann auf den Basar. Wir treffen uns um 14:00 Uhr." Keiner scheint traurig zu sein, heute nicht mehr auf die Maschine zu müssen.

Dann folgt ein Briefing, in welchem sich jeder den anderen vorstellt. Urs will drei

Dinge wissen: „Seid ihr ein Morgen- oder ein Abendmensch? Was stellt ihr euch vor, was habt ihr für ein Ziel bezüglich dieser Reise und wovor habt ihr Angst?"

Also mir macht nur der Schotter etwas Sorge, und ob ich mit diesem Räppelchen von Motorrad klar komme. Als Abendmensch bin ich morgens noch nicht so redselig, aber klar ist, dass wir morgens um 07:00 Uhr aufstehen müssen.

„Bitte gebt bei den Mahlzeiten kein Trinkgeld! Das kennen die hier nicht und man sollte es auch nicht einführen. Ihr werdet sehen, dass die Menschen hier sehr neugierig sind, aber niemals betteln wollen, sondern euch nur kennenlernen. Sie freuen sich über Touristen und Motorräder sind hier eher selten zu sehen."

Nun, das erklärt das sonderbare Verhalten der Restaurantmitarbeiter von gestern Abend.

„Und noch etwas: Bei Polizeikontakt mit Angehalten werden fahren alle anderen weiter! Verstanden? Es macht alles nur schlimmer, wenn sie uns alle kontrollieren. Die Papiere hat Olubek im Auto. Damit braucht ihr euch nicht zu belasten. Und an einer schattigen Stelle wartet ihr einfach, bis wir kommen. Alles klar?" Wir nicken. Einfach weiterfahren, als wäre nichts.

Die Gruppe geht zum Schlafen auf die Zimmer. George und ich laufen zum Fluss *Ak-Buraa*, an dem gestern Einheimische saßen und badeten. Genau das machen wir auch – baden gehen.

Der Park ist eine kühlende Oase, durch die wir bei der Hitze gerne laufen. Das Wasser ist nicht nur eiskalt, sondern hat eine starke Strömung mit kantigen Felsen in der Mitte. Wir halten uns vorsichtshalber am Rand auf. Das tut gut, diese Abkühlung. Die Füße sind so eiskalt, dass ich sie gar nicht mehr spüre, als ich aus dem Wasser komme.

Bei der Ankunft im Hotel sind die anderen inzwischen ausgeruht in der Hotelbar angekommen. Urs der Guide macht das Briefing für den morgigen Ausflug zum Papansee. Das wird sicher eine Nagelprobe, um die Fertigkeiten der Fahrer einschätzen zu können.

Nachmittags suchen wir uns die Maschinen aus. Der mit circa 1,90 Meter der Längste unserer Gruppe, Gerd, setzt sich prompt auf meine mit der niedrigen Sitzbank. Aber die ist für mich reserviert. Weil sich die Kupplung schwergängig ziehen lässt, tauschen wir die Sitzbank mit der Maschine daneben. Bei zweien liegen schwarze Tröpfchen Öl auf dem Pflaster.

„Macht aber nichts", sagt Urs der II. Er ist Arzt und kennt sich aus. Okay.

Kann wohl nichts schiefgehen, mit einem Arzt, er hat seinen speziellen Werkzeugkoffer mit. Abends ist Essengehen angesagt. Und es ist kein bisschen kühler.

6. Montag, 19.06.2017. Zum Papansee – südöstlich von Osh

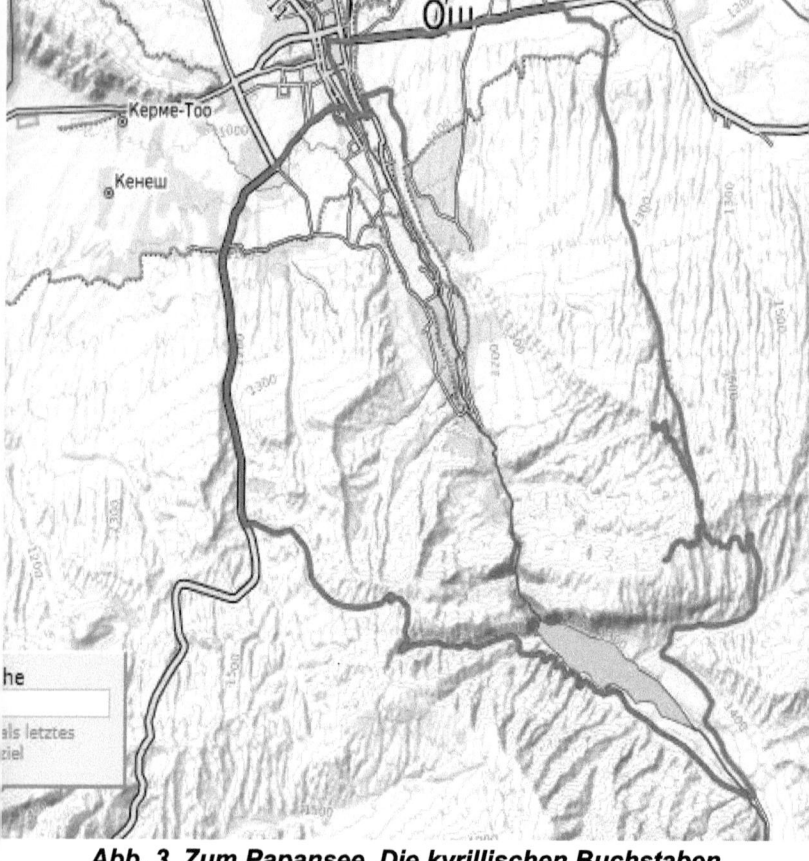

Abb. 3 Zum Papansee. Die kyrillischen Buchstaben im Norden bedeuten Osh. Der Papansee ist das Wasserreservoir für die Stadt.

Um 10:30 Uhr kommen wir los. George und Ruedi bauen mir die abgepolsterte Sitzbank auf eine andere Maschine um, deren Kupplung etwas leichtgängiger ist. Das sind noch richtige Charaktermoppeds: Choke ziehen und Benzinhahn aufdrehen. Gott, ist das Lange her, als ich das noch bei jedem Start machen musste.

Kann man mal sehen, wie verwöhnt wir von den hightech Maschinen mit Temperatur-, Gang- und Spritanzeige sowie sonstigem Schnickschnack inzwischen sind.

Ich komme relativ schnell mit der XT klar. Der Verkehr in der Stadt ist allerdings furchtbar. Es gelingt uns nicht, die Gruppe mit acht Motorrädern zusammen zu halten. Mein Hintermann ist nach fünf Minuten nicht mehr zu sehen. Außerdem braucht es hier nur einen linken Spiegel. Und ich starre dauernd in den rechten, der nicht da ist. Zu beschäftigt, um auf meinen Nachfolger zu warten, fahre ich einfach weiter und versuche, dran zu bleiben.

Aber das stört die LKWs keineswegs. Schon habe ich diesen Dieselverpester vor mir und muss überholen. Und Blinker hat diese Ausführung von Leihmotorrad auch nicht. Gefällt mir gar nicht, zumindest im Stadtverkehr sind die Blinker unverzichtbar, finde ich. Männer sehen das meistens anders.

Wie war das noch mit einem Einzylinder? Immer auf Drehzahl halten und beim Überholvorgang das Schalten nicht vergessen, sonst fängt der Motor das Stottern an. Sehr gewöhnungsbedürftig sind die Vorfahrtsregeln im Kreisverkehr: **Die in den Kreis reinfahren, haben Vorfahrt**! Schlimmstenfalls hält man dreimal im Kreisel an, bis man seine Ausfahrt nehmen kann. Was für ein Quatsch! Die Kreisverkehre sind fast immer dicht.

Als wir von der Hauptstraße links zum Papansee abbiegen müssen, geht mir die Karre beim Anhalten aus und springt nicht mehr an. Sofort geht das Gehupe los, die anderen Verkehrsteilnehmer sind hier nicht so geduldig. Die anderen der Gruppe warten, einige fahren schon los, schließlich stehe ich ganz allein auf der Straße. Rechts von mir fahren wütende Autofahrer vorbei.

Ob meine Wut die Karre endlich anspringen lässt – ich weiß es nicht. Gefühlte zwanzig Mal auf den E-Starter gedrückt; zum Glück muss ich nicht kicken. Endlich kann ich von der Straße fahren und beeile mich, hinterherzukommen. Na, das fängt ja gut an.

Ich hasse Maschinen, die einfach ausgehen! Dann kann ich ja gleich Fahrrad fahren. Dann kommt der Schotterabschnitt und ich staune, wie leicht es geht. Klar, die Maschine wiegt nur 170 Kilogramm, hat ein 21 Zoll Vorderrad und relativ neue Stollenbereifung. Gemütlich finde ich es dennoch nicht. Während die anderen den Kick brauchen, bin ich immer froh, wenn es nicht so rüttelt. Tapfer klemme ich mich hinter Urs, unserem Guide, und fahre in seiner

Spur hinterher. Wie selbstverständlich schalte ich in den dritten Gang und fahre 60 km/h.

So schnell war ich in Albanien auf Schotter nie und schon mal gar nicht im dritten Gang. Die Staubentwicklung ist beeindruckend. Das Visier öffne ich nur minutenlang zum Luftschnappen und verstehe plötzlich die Enduroausstattung mit Brille und speziellem Helm. Dagegen ist man im Schubert Helm wie eingesperrt. In zwei Kurven ist der Bitumenbelag aufgeweicht und glänzt verdächtig. Urs der II. bremst vor mir ab und ich traue mich nur mit schleifender Kupplung da durch. Die verwendete Mischung für den Asphalt ist wohl nicht so optimal.

Als wir den See erreichen, fahren wir über die Wiese direkt ans Ufer und stellen dort die Maschinen ab.

„Wer geht denn jetzt baden?", fragt Urs, unser Guide. Gerd fängt bereits an, sich auszuziehen.

„Nur ich?", fragt er.

„Nein, ich auch!", rufe ich und nutze mangels Umkleidekabinen das Begleitfahrzeug als Sichtschutz. Das Wasser ist wundervoll, klar und sauber. Ich wate durch Tausende winzige Fische und lasse mich dann treiben. Eine tolle Abkühlung. Ein Angler schaut uns interessiert zu. Ein viel zu kurzes Vergnügen, denn Gerd zieht sich bereits wieder an. Sie wollen alle weiter. Echt, wir sind doch im Urlaub und nicht auf der Flucht?

Es geht etwas höher hinauf, aber mit übersichtlichen Kurven, keine Rinnen, keine im Weg liegenden großen Steine. Zweimal erschrecke ich mich gewaltig, als das Hinterrad ein Eigenleben beginnt. Aber wie schon in meinen „Krad Katastrophen" geschrieben: Gas stabilisiert. Die Maschine fängt sich sofort wieder und es geht weiter. Zum Glück geradeaus. Ein Hoch auf die 21-Zoll-Vorderräder.

Auf einer Wiese machen wir einen Fotostopp. Da ich in das hohe Gras nicht gutgläubig reinfahre, bleibe ich am Rand stehen. Der Leerlauf will sich einfach nicht einlegen lassen. Also würge ich den Motor kurz entschlossen ab, um sofort festzustellen, dass ich hier unglücklich bergab stehe. Kurzer Blick nach rechts, Motor anlassen und rein in die Wiese. Geht wie verrückt. Kein Problem. Beim Absteigen bemerke ich meine zitternden Oberschenkel. Ups, total verkrampft im Hier und Jetzt. Nicole sieht nicht glücklich aus.

„Ich finde die Piste hier viel schwieriger als in Namibia!", klagt sie.

„Quatsch!" Ihr Partner Marc widerspricht kategorisch. „Die war genauso!"

„Nein, war sie nicht!" Marc zückt sein Smartphone und zeigt Beweisbilder von ihrer Tour im letzten Jahr. „Hier. Guckst du. Genau die Gleiche, nicht wahr?"

Ich schaue mir das Foto an und sage: „Nein, die war einfach breiter. Außerdem sehen die Pisten auf Fotos immer harmlos aus." Urs der Guide erklärt uns die weitere Route:

„Wir halten gleich an einem großen Baum mit viel Schatten. Ich hoffe, den Baum gibt es noch. Dort machen wir Picknick mit Brot, Käse und Tomaten. Es gibt auch Espresso!" Wow, kein Tütenkaffee!

Diese Vorstellung weckt alle Lebensgeister und wir schwingen uns wieder auf.

Kurze Zeit später stoppen wir an einer Baumgruppe, in der die Spatzen in voller Lautstärke zwitschern. Einfach schön! Olubek, unser Fahrer im Begleitfahrzeug, baut die Picknickdecke auf und tischt uns Melone, Käse, Gurken, Brot und Wurst auf. Zwei Benzinkocher sorgen für den Espresso. Urs der Guide schneidet uns die Melone klein und reicht sie herüber. „Sämtlichen Müll nehmen wir wieder mit!", erklärt er streng. „Nur die Melonenschalen könnt ihr wegwerfen."

Nach der Stärkung kommt der Vorschlag eines kleinen Geländeparcours. Nicole, Marc und ich lehnen dankend ab.

***Abb. 4 Picknick unter dem einzigen Baum
in der Landschaft***

Wir passen stattdessen aufs Feuer auf. Die anderen brettern über die Grashügel.

Nach einer guten Stunde starten wir wieder Richtung Classic Hotel in Osh. Ich muss tatsächlich erst den Joke ziehen, sonst springt die Karre nicht an. Kaum kommen wir in Stadtnähe, wird die Hitze schier unerträglich.

Ein gemeinsames Abschlussbier rundet die Tour ab. Wir zahlen alle in die Alki-Kasse ein. Alkoholika sind im Gesamtpreis nicht enthalten. Das Bier wird durch MuzToo besorgt und fährt im Begleitfahrzeug mit, um uns abends bei Laune zu halten. Einen Kühlschrank hat der Toyota auch. Das ist Luxus, oder?

Abends beim Essen im Restaurant geht ein kräftiges Gewitter nieder. Das lässt auf etwas Abkühlung hoffen. Ich esse die mit Rinderhack und Zwiebeln gefüllten Teigtaschen. Köstlich! Sehr zu empfehlen.

Wir nehmen ein Taxi zum Hotel zurück. Es schüttet nämlich wie aus Eimern.

7. Dienstag, 20.06.2017. Nach Arslanbob – 175 km

**Abb. 5 Route nach Arslanbob (im Norden)
über Jalal-Abad, in der Mitte der Karte. Auf der M41.
Andijon (westlich) liegt in Usbekistan. Im Süden: Osh.
Aufgrund der Visumpflicht kann man durch
Usbekistan (Xonobod) nicht einfach durchfahren.**

Abgekühlt hat es sich nicht. Die Sonne brennt wieder gnadenlos, als wir um 10:00 Uhr starten. Susanna geht es nicht so gut, sie hat Durchfall und musste sich in der Nacht erbrechen. Aber sie setzt sich trotzdem auf den Soziussitz.

Aus Osh kommen wir zügig heraus. Wir fahren gen Norden zunächst auf der **M41,** die Durchgangsstraße in den Norden Kirgisiens. Wir müssen einen kleinen Umweg fahren, um die Grenze zu Tadschikistan zu umgehen. Fünf Stunden dauert dort die Einreise, und wir bräuchten zudem ein Visum.

Deshalb biegen wir rechts ab nach Ozon und Jalal-Abad. Dort werden wir zu mittagessen. Wir fahren circa eine Stunde, dann geht es Susanna schlechter und wir halten an. Sie sieht kreidebleich aus und muss sich wieder erbrechen. Urs der II. ist Arzt und holt seine Apotheke heraus. Nach einer Viertelstunde geht es weiter.

Abb. 6 Am Papansee

Susanna steigt nicht mehr bei Ruedi hinten auf, sondern nimmt im Toyota Platz.

Ein Polizist steht mitten auf der Straße und zeigt energisch mit einem Stab auf den rechten Straßenrand. Urs der Guide fährt ungerührt weiter, wir hinterher. Ups, der hat Nerven. Das würde ich mich in Deutschland nicht trauen! Aber es funktioniert. Wir fahren die nächste Tankstelle an. Alle stellen sich in hintereinander und schieben die Karren vorwärts, wenn sie an der Reihe sind. Das Tanken geht mit Bedienung. Der Spritpreis mit 50 Cent pro Liter ist für unsere Verhältnisse traumhaft, aber es gibt auch kein Benzin mit 98 Oktan. Dafür zeigt die Preistafel sogar Kraftstoff mit nur 80 ROZ.

Es geht beständig geradeaus auf asphaltierten Straßen, bis nach 75 Kilometer meine Karre plötzlich kein Gas mehr annimmt, bockt und stehen bleibt. Ich lasse sie an den rechten Straßenrand rollen. Hätten wir vor einer halben Stunde nicht getankt, würde ich an Spritmangel denken.

Ich versuche, sie neu zu starten. Nichts. Ich bin genervt. Kurze Zeit später hält George neben mir. „Was ist los?"

„Sie ist einfach ausgegangen und der Motor rührt sich nicht mehr. Auch die Zündung geht nicht mehr an."

„Batterie!", meint George. Gestern an der Kreuzung war mir die Idee auch schon gekommen. Oder Lichtmaschine?

Olubek springt aus dem Toyota und zieht sich Handschuhe an. Ruedi und Urs der Guide sind inzwischen zurückgekehrt. Geduldig pustet unser Fahrer des Begleitfahrzeugs die Kontakte frei. Dann holt er eine Ersatzbatterie und baut sie zusammen mit George ein. Was kann das gewesen sein? Ich denke eher an die Lichtmaschine, das war mit der Honda CBF in Rumänien 2012 genauso. Ohne Licht konnte ich sie dann bis zum Urlaubsende fahren.

Es geht weiter und hoffentlich gut.

Die XT läuft wieder wie gewohnt und ich klemme mich an Ruedi und Urs. Es geht zügig mit durchschnittlich 80 km/h weiter. Ja, das ist hier zügig. Die anderen der Gruppe fahren weit hinter uns, weil Nicole und Marc nicht so forsch überholen und lange zögern. Die LKWs stoßen einen grässlich schwarzen Dieselruß aus, man fährt durch schwarzen Nebel in einem ekelhaften Gestank. Da muss man so schnell als möglich dran vorbei.

Die Mittagspause halten wir in einem größeren Lokal am Kreisverkehr in Jalal-Abad. Ich bestelle mir dieses Mal einen Spieß mit Hackfleisch, das Gericht vom ersten Tag mit den meterlangen Nudeln und Gulaschcharakter - obwohl lecker – brauche ich nicht jeden Tag.

Wir haben noch 50 Kilometer vor uns, und der nächste Streckenabschnitt geht schon etwas in die Berge mit schmaleren Straßen. Die mit Schotter ausgesetzten Stücke im Asphalt bringen die Autofahrer immer zum vorsichtigen Abbremsen, was Ruedi und Urs sofort zum Überholen nutzen. Ich merke es zu spät und hänge jetzt im zweiten Gang hinter den Autos. So ein Mist. Irgendwann, so zehn Autos später, habe ich sie wieder eingeholt.

Die Landschaft wird jetzt abwechslungsreich, die Berge werden sichtbar mit sanften begrünten Rundungen. Einfach schön. Erinnert an die Insel Lummerland von der Augsburger Puppenkiste.

Kurz vor unserem heutigen *Homestay* bei Ibrahim sind nochmals 2 Kilometer Schotter angesagt. Ein *Homestay* ist Unterkunft und Verköstigung in einer Gastfamilie, jedoch ohne Familienanschluss.

Die Gastgeber bessern durch die Vermietung ihr Einkommen auf, und man bekommt direkten Kontakt zu Einheimischen, was im Hotel nicht möglich wäre. Pro Nacht sind etwa 15 – 20 Euro fällig. Die kleine Zufahrt nach dem Abbiegen von der Hauptstraße reicht mir schon.

Urs der Guide hält an und fragt, ob wir selbst hochfahren wollen. Nicole und ich winken ab. Die anderen fahren vor, und wir hocken uns in den Schatten des Toyota. Der Durst bringt mich fast um.

Das Wasser in den Trinkflaschen hat mindestens 35 Grad, aber völlig egal. Ich habe heute bestimmt schon drei Liter intus. Der Sohn unseres Gastgebers Ibrahim kommt mit einem kleinen Suzuki Allradfahrzeug und lässt uns einsteigen. Urs der Guide und Gerd fahren die beiden Maschinen hoch. Diese Schotterstrecke braucht man nicht. Es geht steil bergan und in einer engen Linkskurve genauso steil nach unten, große Steine, tiefe Rinnen. Furchtbar.

Das Anwesen von Ibrahim mit Kuhstall, Nutzgarten mit Kartoffeln und Rüben liegt sehr idyllisch am Hang. Hier wohnt er mit Ehefrau, Sohn und Schwiegertochter nebst drei Enkeln. Er spricht Deutsch, weil er die Sprache in der Schule unterrichtet, aber Englisch ist jetzt mehr gefragt, sagt er.

Deshalb unterrichtet er auch Englisch. Zur Begrüßung und trotz Ramadan holt Urs der Guide eiskaltes Bier für alle aus dem Toyota.

So macht Ankommen Freude. Die Schwiegertochter beginnt sofort mit den Arbeiten für unser Abendessen. Die Küche ist außerhalb des Hauses angebracht und der Ofen wird mit getrocknetem Kuhdung beheizt. Es gibt Gemüsesuppe mit Karotten, Rüben, Paprika und Kartoffeln. Die Zimmer sind in verschiedenen Häusern untergebracht, es gib eine Dusche, ein WC und ein Stehklo ein paar Meter vom Haus entfernt. Das Dorf ist an die Stromversorgung angeschlossen.

Die Attraktion in dieser Gegend ist ein Wasserfall. Wir marschieren zu Fuß durch das Dorf, eingehüllt in Staubwolken, die die Autofahrer gnadenlos aufwirbeln. Und trotz der sehr schlechten Straßenverhältnisse sind nicht nur Allradfahrzeuge unterwegs. Der Weg zum Wasserfall ist gesäumt mit Verkaufsständen, die neben dem üblichen

Souvenirkram seltsam aussehende Lebensmittel anbieten. Getrocknete Äpfel ausgewalzt und im Aussehen einer gefalteten Wachstuchtischdecke ähnelnd. Ich probiere vorsichtig, es schmeckt gar nicht schlecht, süß und etwas zäh. Viel bleibt in den Zähnen hängen. Original Äpfel sind mir jedoch lieber. Ruedi, Gerd und George haben ihre Badehosen mit. Sie wollen unter dem Wasserfall duschen.

Wahrscheinlich werden sie schockgefroren. Der Sohn unseres Homestaybesitzers hat noch eine Attraktion bereit. Eine besonders schöne Aussicht in die Landschaft. Es geht also weiter. Auf halber Strecke streike ich.

Ich habe einen furchtbaren Muskelkater in den Oberschenkeln, sodass ich mich lieber am Wegrand hinsetze, während die anderen weiter marschieren. Als ich mir später die Fotos anschaue, bin ich doch ein wenig neidisch. Der Hunger treibt uns schließlich zügig zurück in die Unterkunft, in der uns ein tolles Abendessen erwartet. Die Familie von Ibrahim darf noch nicht essen, denn ist ja Ramadan. Olubek kümmert sich nach dem Essen um die Motorräder und will an meiner Maschine den Regler tauschen. Dachte ich mir doch, dass der Batterietausch nur eine Notlösung war. Der Regler ist jedoch intakt. Es liegt tatsächlich an der Lichtmaschine, sie ist hinüber. Wie ich bereits befürchtet hatte. In Rumänien blieb meine CBF auch immer stehen, und zwar im ungünstigsten Moment. So beim Auffahren auf die Fähre zum Beispiel.

Die Batterie wird aufgeladen und Urs bestellt eine andere Maschine für mich in Osh. Sie vereinbaren einen Treffpunkt 30 km von Arslanbob entfernt. Bis dahin soll ich mit dieser XT fahren. Ich werde sauer. Nein, ich fahre mit dieser Karre keinen Meter mehr. Was ist, wenn sie bergauf oder beim Überholen ausgeht?

„Es geht doch nur bergab, da brauchst du keinen Motor.", sagt mein George.

Jetzt werde ich wütend.

„Scheiße, dann fahr du sie doch!", schreie ich. „Oder möchte jemand anders aus der Gruppe diese Karre fahren?!"

Keiner meldet sich. Habe ich mir gedacht. Ich fühle mich nicht ernst genommen.

„Dann bauen wir die Sitzbank auf eine andere und dann nimmst du die bis zum Treffpunkt."

Okay. Die Sache entspannt sich leicht, aber ich bin immer noch sauer und beim Essen schweigen George und ich uns an.

Die Sitzhaltung ist für weit über 40-jährige gewöhnungsbedürftig: Die Beine werden nicht angewinkelt unter einem Tisch platziert, sondern man hockt im Schneidersitz vor einer niedrigen Tischplatte. In unserem Alter nicht die bequemste Sitzhaltung. Das Bier ist alle und es gibt noch Rot- und Weißwein. Ich bin total müde und gehe früher als die anderen ins Bett.

Mal sehen, wie es morgen weiter geht.

Abb. 7 Der Wasserfall in Arslan Bob

Abb. 8 Aussicht auf Arslan Bob
Foto: George

**Abb. 9 Attraktion des Tages für die Touristen.
Eine 20 Sekunden dauernde Dusche unter
dem Wasserfall in Arslan Bob.**

8. Mittwoch, 21.06.2017. Nach Köl Bel am Toktogul See, Hotel (180 km)

Abb. 10 Im Norden: Toktugul See.
Im Osten: von Arslanbob über Massi auf der M41.

Abb. 11 Vater Ibrahim, der Homestaybesitzer

Morgens, nach der Rückfahrt von Ibrahims Homestay unterhalb des Dorfes, bringen sie von MuzToo die andere Maschine. Sie besitzt sogar Blinker, und ich bekomme auf Anhieb den Leerlauf rein.

Beim Fahren später verliere ich fast den linken Seitendeckel. Ich merke, dass mir irgendwas an den linken Oberschenkel knallt, wage einen Blick nach unten und traue meinen Augen nicht. Wahrscheinlich waren sie beim Auswechseln der Sitzbank zu hektisch. Olubek drückt das Plastikteil wieder rein. Ich hoffe, das war es jetzt aber wirklich mit diesen Kataströphchen. Wir fahren zurück. Nach Sovetskoye, an der usbekischen Grenze entlang auf der **M41**.

Abb. 12 Naryn Schleife.
Blaugrünes Wasser, das beeindruckt!

Die Aussicht auf diese Lummerland Berge wird immer besser. Wir machen Rast an einem See, außer Gerd und mir pellt sich keiner aus den verschwitzten Motorradklamotten. Das Wasser ist ziemlich frisch, aber kühlt den Körper endlich wieder runter.

Es gibt Picknick unter einem Baum mit Brot, Käse, Wurst, Nüssen. Olubek zaubert Espresso auf seinem Benzinkocher. Es wirkt so friedlich und ruhig. Ich starre über den See und fühle mich glücklich. Dann geht es wieder los, die Gruppe teilt sich auf. Ruedi fährt vor und bei 70 km/h kann ich die Landschaft bestaunen.

Ein verwesendes Fohlen liegt am linken Straßenrand und der Aasgeruch ist so fürchterlich, dass ich hinter dem Visier regelrecht würgen muss. Den Kadaver scheint hier niemand wegzuräumen. Zum Glück lag es nicht mitten auf der Straße. Der Naryn ist hier aufgestaut, er fließt auch wieder raus. Eine besonders schöne

Flussbiegung mit tiefgrünem Wasser wird festgehalten. Ruedi war vor zwei Jahren bereits hier, er kann es uns alle interessanten Stellen zeigen.

Wir kommen zum Hotel, es zeigt den maroden Charme eines Plattenbaus der 70-iger Jahre mit Renovierungsstau. Internet gibt es nicht, aber kaltes Bier. Auf WLAN werden wir die nächsten Tage verzichten müssen. Das Essen ist kohlehydratlastig: Reis und Pommes mit trockenen Rindfleischstückchen. Die Linsensuppe allerdings ist super.

Das Ganze findet in einem tennishallenähnlichen Bau ohne Seitenwände statt.

*Abb. 13 Blick aus dem Plattenbau Hotel
in eine Lummerland Landschaft.
Fehlt nur König Alfons, der Viertel vor Zwölfte.*

Donnerstag, 22.06.2017. Nach Kizil Oy im Homestay (260 km)

Morgens bei der Abfahrt überschattet unsere gute Laune die Nachricht von Ruedis Bruder, dass er nach seiner Herzoperation einen Schlaganfall erlitten hat. Er kann immer noch nicht sehen und seine Arme bewegen. Kann kein Besteck und keinen Becher halten, von allem anderen ganz zu schweigen. So schnell kann es anders werden und nichts ist mehr, wie es gestern war. Ich versuche, Ruedi zu trösten. „Das kann alles noch besser werden!"

„Ich habe mit ihm gesprochen. Er redet genauso wie vorher. Das ist schon mal gut!", sagt er.

Heute geht es wieder in ein Homestay nach Kizil Oy, und zwar zunächst auf der M41 weiter, überwiegend geradeaus und gut ausgebaut. Wir kommen bis auf 3184 Meter über den Alabel Ashuvusu Pass, dort schließe ich das erste Mal meine Lüftungsschlitze an der Jacke. Ist das eine super Luft. Und eine Aussicht! Die Straße windet sich in lang gezogenen Kurven und verläuft nur mäßig in die Höhe. Ich kann kaum glauben, dass wir auf über 3000 Meter sind.

Eine kirgisische Familie bestaunt die Motorräder. Der etwa 6-jährige Junge darf sich den Helm aufziehen und einmal aufsteigen. Stolz lässt er sich fotografieren. Danach will Papa auch mal. Er wirft sich ordentlich in die Brust. Und wieder kommen die interessierten Fragen: Woher und wohin?

Nach dem Pass machen wir im Tal Rast bei einem Jurtencamp mit Imbissmöglichkeit. Es gibt Tee und einige sehr spezielle Kostproben: Vergorene Stutenmilch und Käsekugeln. Susanna kauft gleich *en gros* ein und lässt sich bestimmt ein Kilo dieser Spezialität von steinharten und staubtrockenen Käsebällchen aus Schafsmilch andrehen.

Abb. 14 Toiletten. Nicht so schlimm, wie es aussieht.
Wenn nur die Fliegen nicht wären ...

*Abb. 15 Imbiss mit vergorener Stutenmilch
und salzigen Käsebällchen*

Sie sehen aus wie Ferrero Raffaelo Kugeln, schmecken aber fürchterlich, vor allem nach Salz. Sind für europäische Mägen schwer genießbar.

Abb. 16 Schlafendes Füllen im Nomadencamp

Abb. 17 Staubpause vor toller Kulisse

Abb. 18 *Tien Shan Gebirge mit kunstvollen Fältelungen. Wie schafft die Natur so etwas?*

Leider muss ich das Plumpsklo auf zwei Brettern ausprobieren. Musik von Millionen Fliegen, die erschreckt von den Hinterlassenschaften fliegen. Bloß nicht nach unten schauen! Hoffentlich halten die zwei Bretter. Mit Motorradstiefeln meistert man so ziemlich alle Untergründe.

Ich muss an den Witz vom sibirischen Klo denken: Zwei Stöcke braucht man. Einen zum Festhalten und einen, um die Wölfe zu verjagen.

Die Stutenmilch (Kymyz) soll eine Delikatesse sein, was sich mir überhaupt nicht erschließt – sie ist schlicht ungenießbar, für die meisten anderen auch. Der Geschmack erinnert an supersauren Kefir mit Räuchergeschmack beim Abgang im Rachen.

Wer die trinkt, braucht kein Abführmittel mehr. Es gibt sie nur von Mai bis September, wenn die Stuten Fohlen haben. Die noch ganz kleinen Fohlen liegen schlafend unter ihren Müttern auf der Wiese. In dem Alter dürfen sie noch liegen, später schlafen sie dann stehend.

Mit der Herstellung habe ich mich nach der Reise beschäftigt: Die traditionelle Herstellung in Kirgisistan geht von Stutenmilch aus, die in einem zuvor mit Rauch behandelten Behälter für ein bis zwei Tage gelagert wird. Dann wird frische Milch hinzugefügt und der Behälter an einem warmen Ort aufbewahrt, damit die Gärung ablaufen kann. Anschließend wird der Inhalt in einem zylindrischen Holzfass, „Pischpek" genannt, das ähnlich wie ein Butterfass aussieht, gerührt.

Der fertige Kumyz wird dann zur Lagerung in lederne Flaschen umgefüllt. Dieses traditionell hergestellte Produkt ist jedoch nur wenige Tage haltbar. Alternativ wird ein Fass aus Lärchenholz (Gan) oder heutzutage auch eine Kunststofftonne verwendet.

Darin wird die Milch mit einem hölzernen Stampfer (Buluur) einige Zeit kräftig umgerührt. Das Getränk ist für die Nomaden eine reichhaltige Quelle an Vitaminen und Spurenelementen. Wie beim Kefir erfolgt die Gärung aufgrund einer Kombination von Milchsäurebakterien und Hefepilzen. Durch das Umrühren wird eine gleichmäßige Fermentation sichergestellt.

Ein Kirgise wird diese austrinken, es ist aber auch in Ordnung, nur symbolisch daran zu nippen und sie dann wieder zurückzugeben.

Die Gabe ganz abzulehnen, wäre aber grob unhöflich! Die Fermentation zerstört die Laktose in der Milch, und wandelt sie in Milchsäure, Ethanol und Kohlendioxid um. Das macht Kymuz verträglich für Menschen mit Laktoseintoleranz. Ohne Fermentation enthält Stutenmilch deutlich mehr Laktose als Kuh- oder Yakmilch. Nach diesem interessanten Zwischenstopp beginnt irgendwann die Schotterstrecke, die **A367**. Ca. 30 km lang. Breit und mit Schlaglöchern übersät.

Nach einer halben Stunde brauche ich Pause. Der Staub bringt einen um. Die entgegenkommenden Autos fahren oft auf der falschen Seite, der Beifahrer winkt dann heftig, sodass wir auf die linke Spur wechseln. Also, einen normalen PKW ohne Allradantrieb möchte ich hier auch nicht fahren!

Um 16:10 Uhr treffen wir in unserem Homestay ein, nachdem ich meine erste Riesenpfütze, so von der Größe mit einem kleinen Hobbybiotop vergleichbar, gemeistert habe. Ruedi erzählt, diese Pfütze sah vor zwei Jahren schon genauso aus.

Urs der Zweite fehlt, er ist mit Olubek leider vorbei gefahren. George, Ruedi und Gerd fahren noch ins Gelände zum Spielen.

*Abb. 19 Fahrt durch das Tal am
reißenden Fluss entlang.
Wassermangel gibt es hier nicht.*

**Abb. 20 Küche des Homestay.
Der Besitzer heizt den Ofen
mit getrockneten Kuhfladen an.**

Das Homestay ist im Innern sehr gemütlich, aber das Bad wird gerade renoviert und fließendes Wasser gibt es auch nicht. Können die nicht im Winter renovieren? Urs der Guide *is not amused*. Dafür gibt es als Ersatz im Feld eine improvisierte Dusche mit Plastikvorhängen und über dem Kopf eine Bütt mit von der Sonne gewärmten Wassers, die mittels einer Drehvorrichtung das Wasser nach unten entlässt. Wie beim Camping.

Die Toiletten sind sehr gewöhnungsbedürftig: eine mit losen Brettern und Blick nach unten in die Unterwelt und eine zweite, etwas komfortabler mit zementierten Boden und Loch. Genaues Zielen ist hier angesagt, für Frauen schon mal schwierig. Beeilung ist hier vorprogrammiert. So schnell wie möglich wieder raus.

Ich setze mich mit Marc, Susanna und Nicole im Hof in die Sonne, und versuche, eine SMS an meine Töchter zu schicken, was nicht gelingt. Dann schreibt mir Inga, warum ich die SMS dreimal schicke? Klappt also doch, jetzt sind die Kinder erst mal beruhigt.

Im Hof ist eine Jurte aufgebaut, die Marc und Nicole beziehen. Sie ist im Innern mit einem Meer von Teppichen ausgelegt, hat ein Doppelbett und wirkt wie eine Hochzeitssuite. Unsere Zimmer sind klein, aber gemütlich. Der Besitzer trifft die Vorbereitungen für unser Abendessen. Er schafft mit dicken Handschuhen das Brennmaterial für den Ofen heran, stapelweise getrocknete Kuhfladen.

Urs fährt Urs suchen und findet ihn nach 30 Kilometern samt unserem Fahrer. Wie lautete noch die Gruppenregel? Man wartet immer auf seinen Hintermann, wenn abgebogen wird! Marc ist zerknirscht.

„Das nächste Mal mache ich es besser!", gelobt er. Urs der Zweite hat seine gute Laune dennoch nicht verloren. Er war nur verwundert, wie schnell wir plötzlich gefahren waren.

Die Betten sind nur 70 cm breit und höchstens 180 cm lang. George hat seine Probleme mit den ans Ende anstoßenden Füßen und schläft entsprechend schlecht. Manchmal ist eine kleine Körpergröße von Vorteil, mir macht das Ganze nichts aus. Das Abendessen findet wieder in der Hocke statt. Die Familie hat alles auf den Tisch gebracht, was sie haben: Trockenobst in allen Sorten, Kekse, Süßigkeiten, Schokolade, Bonbons. Der Eintopf ist super schmackhaft, der Salat aus selbst gezogenen Tomaten und Gurken macht mal wieder deutlich, mit welch zweifelhafter Qualität wir aus unseren Supermärkten zurechtkommen.

Am nächsten Morgen ist Gerd übel und er sieht beängstigend blass aus. Susanna hat auch noch immer Durchfall. Bei mir ist eher das Gegenteil der Fall. George weigert sich, die Toiletten zu benutzen, und verschiebt seine Verrichtung. Wie so was geht, kann nur er wissen.

9. Freitag, 23.06.2017. Nach Kochgor (140 km)

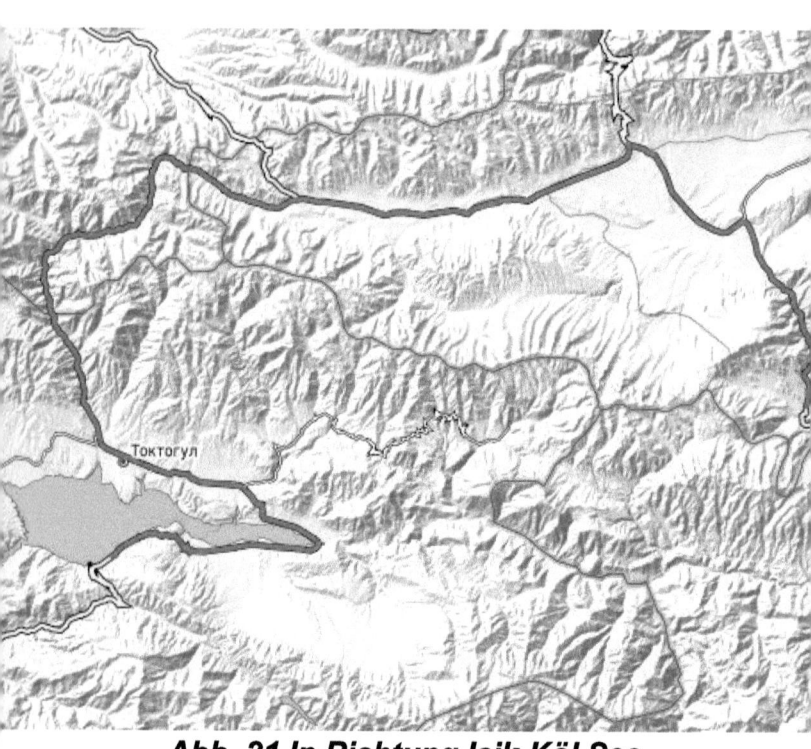

Abb. 21 In Richtung Isik-Köl See,
Kochgor liegt östlich auf der Karte

In der Nacht gab es ein Gewitter, aber morgens scheint wieder die Sonne. Jetzt sind es wieder 30 km Schotterstrecke mit schwierigen Teilstücken: Sand, schweres Geröll, Löcher und Rinnen. Als der Asphalt beginnt, atme ich auf und entspanne wieder.

Die Männer wollen die stillgelegte Uranmine besuchen und machen einen Abstecher von 30 km. Wir Frauen legen uns auf die Decke, die uns Olubek am Straßenrand ausbreitet. Das erste Mal wird „Antibrumm forte" angewendet. Die Mücken sind hier penetrant, Olubek und ich ziehen ein Tuch über Mund und Nase; die kriechen in sämtliche Löcher, diese Plagegeister. Den Namen dieses Anti-Mücken-Mittels habe ich eher für einen Witz gehalten. Die Wirkung ist allerdings verblüffend! Die Biester bleiben plötzlich weg und lassen uns in Ruhe.

Die Kreuzung ist sehr breit ausgebaut, aber das täuscht. Auf den nächsten 10 km endet die Strecke und wir fahren auf der

Schlaglochpiste mit Wellblechgerumpel. Wir passieren einen Pass.

Meine Maschine bleibt mal wieder stehen. Die Ursache dieses Mal:

Der Entlüftungsschlauch war festgesteckt und es floss kein Benzin mehr nach. Wir nutzen die Zeit und trinken Espresso.

**Abb. 22 Pferdeherden kreuzen ständig unseren Weg.
Sie sind wegen der Motorengeräusche
sehr schreckhaft und preschen
kreuz und quer über die Straße.**

Ich bin ziemlich geschafft und lege mich ins Gras.

Abb. 23 Pause auf der Schotterrüttelstrecke

George hat keine Ruhe und fährt schon mal voraus.

Wahrscheinlich muss er dringend eine Verrichtung durchführen und sucht ein richtiges Klo.

Abb. 24 Mausoleen säumen die Straße nach Kochgor. Die Friedhöfe sind immer außerhalb der Städte.
Zuweilen sind die aus Lehm gebauten Grabstätten komplett zerfallen

Das gebuchte Hotel im Zentrum von Kochgor hat alle Zimmer besetzt. Aber George hat die Toilette benutzen können und wirkt ziemlich entspannt, als wir wieder aufsitzen.

Wir fahren in ein anderes Homestay, das derselben Besitzerin gehört. Auch das ist sehr gemütlich und hat ein Badezimmer und ein WC, sogar eine Waschmaschine. Heute mal keine Handwäsche – na, was für ein Luxus.

Mit dem Wetter hatten wir heute wieder Glück. Pünktlich beim Eintreffen beginnt es erst zu regnen. Wir trinken unser Bier in der Gartenlaube an einem großen Tisch.

Zum Essen sitzen wir im Homestay wieder auf dem Boden, der Tisch hat nur eine Höhe von 30 cm. Das ist schon sehr gewöhnungsbedürftig für unsere Knie und Rücken. Ich komme mir vor wie ein Schottersamurai ohne Schwert. Ach ja – ganz wichtig: Man zieht stets die Schuhe aus, bevor man ein Haus betritt!

Und Gerd isst überhaupt nichts, ihm ist nur schlecht.

Seine Frau hat ihm eben am Telefon mitgeteilt, dass ihre Mutter gestorben ist. Auch wenn man ab einem gewissen Alter – sie wurde wohl neunzig – damit rechnen muss, ist es doch immer ein Schock. Der Tod ist immer endgültig – im wahrsten Sinne.

So ist die Stimmung etwas gedämpft. Auch die kirgisische Wodkarunde ändert daran nichts. Zumal ich ohnehin den Schnapskonsum jeden Abend übertrieben finde. Zum Glück mag ich so ein Zeug nicht. Ich gehe früh zu Bett und schreibe meinen Reisebericht.

Abb. 25 Fahrt zum Salt Lake im Toyota

10. Samstag, 24.06.2017. Zum Issik Köl, Tagesausflug

Eigentlich ist heute Ruhetag. Die Männer wollen einen Abstecher vom See in die Berge unternehmen, wir drei Frauen fahren im Begleitfahrzeug. Morgen soll ein harter und langer Tag mit 140 km Schotter und gesamt 240 km nach Naryn werden. Deshalb ziehe ich heute keine Motorradklamotten an. Wir sitzen im Toyota und werden von Olubek chauffiert.

Unterwegs sehen wir Kamele, denen noch ihr Winterfell noch lose anhängt. Das gäbe eine schöne Decke! Sie sind scheu und wollen unser hartes Brot nicht. Es sind echte Kamele mit zwei Höckern. Die Höcker sind keine Wasserspeicher, wie volkstümlich angenommen, sondern bilden das Fettreservoir der Tiere. Lamas und Alpakas gehören übrigens auch zur Familie der Kamele, auch wenn sie keinen Höcker besitzen.

Olubek chauffiert uns Frauen auf der ausgeschilderten Strecke zum Salt Lake.

Abb. 26 Das Kamel wirkt nicht amüsiert.

Abb. 27 Landschaft am Isik-Köl See

Der abseits der wilden Landschaft liegt.
Nicole und ich werden hinten ziemlich
durchgeschüttelt.

Abb. 28 Am Salt Lake mit Susanna und Nicole.
Olubek sichert die Dachladung.

Eine Kanadierin, ebenfalls im Jeep unterwegs, fragt uns, wo denn nun der See liegt.

Sie will einfach nicht glauben, dass sie die Strecke wegen dieser kleinen Pfütze gefahren ist. Tja, so sind sie, die Touristen.

Nachmittags treffen wir auf die Männer und gehen essen. Auf der Rückfahrt geht Ruedi der Sprit aus. Olubek holt die Kanister vom Dach des Begleitfahrzeugs und mittels improvisierten Trichters aus einer Plastiktrinkflasche Benzin einfüllen.

Der Polizeikontakt wird von Urs dem Guide mit stoischer Ruhe ertragen, die Strafe bezahlt. „Wir sind nicht zu schnell gefahren.", sagt er zu uns. „Aber was bringt es, zu diskutieren?"

Nachts hat es geregnet und die Temperaturen um die 20 Grad waren endlich mal erträglich. Die Regenwahrscheinlichkeit liegt morgen bei 70%.

Abb. 29 Improvisiertes Tanken

Abb. 30 Kontakt mit der kirgisischen Rennleitung. Urs zahlt ohne Diskussion die Strafe für angeblich zu schnelles Fahren. Die anderen sind einfach weiter gefahren, das gibt weniger Probleme.

Abb. 31 Urs der Zweite (links) und Ruedi. Die Jungs haben echt Spaß.

**Abb. 32 Steile und knifflige Auf-und Abfahrten.
Fast wie am Stilfser Joch, nur gerölliger.**

11. Sonntag, 25.06.2017. Nach Naryn auf 140 km Schotter (240 km gesamt)

Abb. 33 Kochkor im Norden, südlich liegt Naryn

Ich habe schlechte Laune beim Losfahren. Ich bin eben nicht die Eine, die immer lacht und immer lacht. Es gibt Momente auf einer Tour, auf der ich alles blöd finde, schlecht geschlafen habe und mich frage, warum tue ich mir das an? Warum nur?

Wieso sitze ich nicht auf meiner Lady Honda CBF 600 mit der bequemen Bagster Sitzbank, dem willigen Kurvenverhalten und den kalkulierbaren 78 PS? Das mit dem Regen macht mir echt Sorgen, hoffentlich wird die Strecke nicht zur Schlammschlacht.

Morgens ist es kühl, aber es regnet nicht. Eine andere Maschine wird angeliefert. Die XT von Urs dem Zweiten hat das Getriebe geschreddert. Er kann nicht mehr runterschalten. Urs unser Guide ordert eine andere XT von Osh. So muss er nicht im Bus fahren.

**Abb. 34 Mein Schüttler vor einem Hügel.
Wir haben uns wieder ausgesöhnt.**

Er macht Gerd wegen seines Gesundheits-zustandes – ihm ist wieder schlecht und seine Hose schlockert mit Absturzgefahr um die Hüften - den Vorschlag, doch auf der roten Straße zu fahren, der **A365**.

In diesem Moment überlege ich das auch. 50 km Schotter in Albanien im letzten Jahr hatten mir schon gereicht. Aber das war mit der BMW und Gepäck. Und mir würde bestimmt was entgehen. Urs der Guide beschreibt die Strecke also so spannend, dass ich es versuchen will. Nicht kneifen, kein Jammern – auf!

Der Gedanke, dass es irgendwann auf der Strecke besser wird, erübrigt sich erst mal. Und das Wetter hält. 70 % Regenwahrscheinlichkeit – nun ja, wir hatten außer ein paar Tropfen keinen Wasserkontakt von oben.

Irgendwann auf der Strecke kommt eine Schlammschlacht. Ich schüttele meinen behelmten Kopf.

George fährt mir die Maschine auf circa 20 Meter Schlick hindurch. Nicole schüttelt auch den Kopf und Marc fährt sie rüber und legt sich auf den letzten Metern hin. Er fällt dank des Schlamms weich. Zum Glück.

Abb. 35 Nach Naryn.

Abb. 36 Picknick im Tal.
Die Aussicht und die Stille
entschädigen mich wieder für alles.

Hoffentlich kommen da nicht noch mehr. Urs
der Guide hat uns noch eine Bachdurchfahrt
versprochen. Die kommt zum Glück nicht.

Dafür aber ziemliches Geröll und steile Auf- und Abfahrten.

Runter lasse ich es nur im zweiten Gang rollen. George fährt vor und ich fahre in seiner Spur. So brauche ich deswegen keine Gedanken verschwenden.

Die Mittagspause machen wir auf 2800 Höhenmeter. Ich merke es an der Luftnot beim schnellen Gehen. Olubek kocht uns auf dem Benzinkocher Espresso. Klasse. Die Pferdeherde, in die wir geraten und die durch die Motorengeräusche mehr als erschreckt sind und links an mir vorbei galoppieren, versetzt mich in eine Schreckstarre. Ich komme nicht auf die Idee, den Motor auszuschalten, so gebannt bin ich von dieser Stampede. Zum Glück kommen sie gut an uns vorbei und es geht weiter. Auf dem Tageskilometerzähler sind es schon 180 km. Kann also nicht mehr lange dauern.

Ich bin froh, dass ich nicht gekniffen habe. Die Bilder dieser Landschaft sind einfach unbeschreiblich.

Um 16:50 Uhr kommen wir am Hotel an. Vorher haben wir vollgetankt und die Biervorräte aufgefüllt. Wir trinken zusammen ein Bier, dann löst sich die Gruppe bis zum Abendessen auf. Scheinen alle müde zu sein.

Morgen geht es zum Song Köl See mit Jurtenübernachtung. Das wird das Highlight der Tour. Obwohl jeder Tag ein Highlight war. Jeder Tag war besser als der vergangene. Und ich mache mir nicht mehr so viele Sorgen wegen der Streckenführung.

Morgen liegt die Regenwahrscheinlichkeit bei 70%, und das bei den Schotterstrecken mit Serpentinen. Also erst mal an heute denken. Es geht bis auf 3000 Höhenmeter.

Abb. 37 Pause mit Gymnastik von Olubek (links),
nur selten Matsch auf der Strecke.

12. Montag, 26.06.2017. Zum Song Köl See.

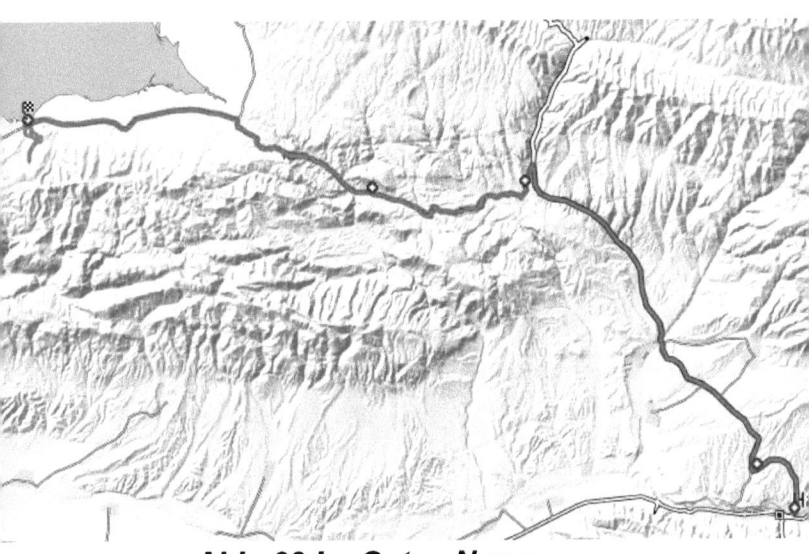

Abb. 39 Im Osten Naryn,
nördlich der Ort der Jurtenübernachtung
am Song Köl See. Touristisch aufgepeppt.

Der Wetterbericht hat für heute noch Sonnenschein versprochen. Morgen liegt die Regenwahrscheinlichkeit bei 70%, und das bei den Schotterstrecken mit Serpentinen. Also erst mal an heute denken. Es geht bis auf 3000 Höhenmeter. Wirklich schwierig war für mich die Serpentinenstrecke, die uns in die Höhe schraubt.

Fast wie das Stilfser Joch. Aber mit mehr Geröll. In einer Rechtskehre steht ein LKW, na ja, ein kleiner Sprinter. Er nimmt mir den Platz zum Ausholen nach links. Urs steht an der linken Straßenseite, er hat dem Fahrer wohl geraten, hier zu warten. Ich würge die Karre mitten in der Kehre ab. Scheiße. Und starre immer auf die Felswand geradeaus. Na, super. Ich schreie mir die Befehle zu: Schau nach rechts. NACH RECHTS ZUM TEUFEL NOCHMAL! Fußbremse, starten, Blick nach rechts, GAS! Ups. Geschafft. Stehenbleiben ist meistens die schlechteste Alternative. Das Losfahren kostet so viel Kraft und Konzentration.

Sogar eine Wasserdurchfahrt als Nebenstrecke rechts seitlich wegen riesigem Spalt auf der Straße schaffe ich. Augen weit geradeaus und durch.

Wir fahren über die Wiesen auf die Jurten zu, die ausschließlich für Touristen aufgestellt wurden.

Die Chefin der Vermietung kommt mit Wörterbuch und ihrer Kinderschar und heißt uns willkommen. Die schauen uns mit neugieren Augen an. Das Jüngste ist acht Monate und sitzt im Kinderwagen mit Allradantrieb, geführt von der großen Schwester.

Wir genießen einen kleinen Imbiss mit Suppe und selbst gebackenem Brot. Es ist frisch, und es weht ein heftiger Wind.

Wir schauen beim Stutenmelken zu und genießen einen Schluck. Stutenmilch ist frisch gemolken gekostet süßlich und nicht so fett wie Kuhmilch. Sie wird jedoch vergoren getrunken.

Zu diesem Zweck wird ein Holzfass

ausgeräuchert. Auch das wird uns anschaulich gezeigt.

George fährt mit Ruedi noch eine Offroadpassage den Hang hinauf. Beeindruckend die Schlichtheit der drei Badezimmer. Immerhin mit Wasserhahn. Bedienung wie bei einer Tränke für Kühe: Pin in der Mitte hochdrücken und Wasser fließt. Der Wetterbericht hat für heute noch Sonnenschein versprochen. Ich setze mich auf einen Dreibeincampingstuhl und genieße die Stille hier. Sie ist mit den Händen greifbar. Eine ganz andere Welt.

Diese Kinder hier brauchen kein Smartphone und kein Internet. Schön, dass es das noch gibt. Die Menschen versuchen alles, um uns den Aufenthalt so angenehm wie möglich zu machen. Eine französisch sprechende kanadische Gruppe ist mit kleinem Bus angereist. Die Motorräder allerdings sind für die Jurtenjugend das Highlight. Drei von unserer Gruppe unternehmen noch einen Ausritt.

Ich lasse das lieber bleiben. George will im Song Köl baden, was an den Schlammmassen am Ufer scheitert. Das Wasser wäre jedenfalls nicht zu kalt. Ich setze mich auf einen Dreibeincampingstuhl und genieße die Stille hier. Sie ist mit den Händen greifbar. Eine ganz andere Welt.

Abb. 40 Marbie in der Jurte

Die Nacht wird kühl. Die Gastgeber heizen unsere Jurte mit dem kleinen Ofen an.

Als wir nach dem Abendbrot reinkommen, haut es uns fast um. Wie in einer Sauna.

Wir teilen uns die Jurte mit Ruedi und Susanna. Keiner schnarcht. Welch ein Segen.

Was mir zu schaffen macht, ist die Höhe. Ich hole Luft wie ein Karpfen und kann lange nicht einschlafen. Irgendwann in der Nacht ziehe ich mir das Halstuch über den Kopf. Es wird kalt. Nur nicht auf die Toilette müssen in der Dunkelheit.

b. 42 Familie der Gastgeberin und Chefin des Camps.
Hat das Wörterbuch immer zur Hand.

Abb. 43 Sonnenuntergang am Song Köl.

Abb. 44 Urs, unser Guide, vor seiner Jurte

Abb. 45 Abendstimmung am Song Köl.
Wolken sind vergängliche Kunstwerke
des Himmels. In jedem Land. Zu jeder Jahreszeit.
Ohne sie wäre der Himmel langweilig.

Das Camp am Song Köl See

**Abb. 46 Badezimmer mit Regiestuhl.
Fast wie Kunst, oder?**

14. Dienstag, 27.06.2017. Zurück nach Naryn, 160 km.

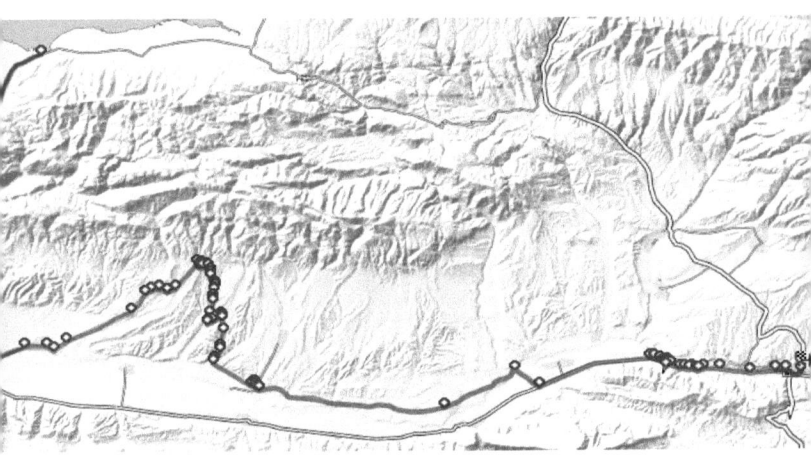

Abb. 47 Im Osten liegt Naryn.
Start vom Song Köl See zurück.

In der Nacht prasseln kräftige Schauer auf die Jurte. Ich denke mit Grauen an den Schotterweg im Regen. Aber so weit kommt es nicht. Wir schlafen bis 08:15 Uhr. Um 08:30 Uhr soll es Frühstück geben. Da die gründliche Körperreinigung heute ausfällt, reichen fünf Minuten zum Umziehen.

In der Badestation reicht es nur für eine Katzenwäsche.

Das Küchenzelt ist geheizt. Ich fühle mich nicht gut und probiere sogar den Milchreis zum Frühstück, versüßt mit der selbst gemachten Marmelade. Das schmeckt zwar köstlich, aber mein Appetit hält sich in Grenzen. Ich konnte schlecht einschlafen, weil ich nach Luft japste.

Die Stehtoilette wurde von Durchfallkranken benutzt, die die Öffnung im Boden nicht getroffen haben. Also rückwärts rein und schnell wieder raus. Irgendwie ist mir übel. Liegt vermutlich an der Höhe. Ich darf nicht an vergorene Stutenmilch denken.

Wir fahren um 09:30 Uhr los. Eine Brücke ist gesperrt, wegen Bauarbeiten. Urs unser Guide will es aber versuchen, falls die Passage nicht gelingt, Nebenstrecke suchen, schlimmstenfalls den ganzen Weg zurück. Oh, Grundgütiger! Ich hoffe es nicht.

Der Pass mit 3500 Meter verursacht mir noch mehr Luftnot und mir ist wieder übel. Beim Runterfahren in Spitzkehren bin ich schneckenlangsam und George dankbar, der vor mir herfährt. Unser Begleitfahrzeug fährt direkt hinter mir und kommt wegen mir nicht voran.

Mir geht es schlagartig wieder besser, als wir die Höhe verlassen. Die Übelkeit ist weg und ich kann mir eine Zigarette rauchen. Die Brücke ist wirklich gesperrt. Die Motorräder kämen noch durch, für Olubek im Toyota ist hier Schluss. Also fahren wir eine Alternativroute, die mir ziemlich auf die Nerven fällt: Geröll, Staub, überholende Autofahrer, die dich in Nebel und Dreck hüllen. Ich bin müde. So scheiß müde.

Abb. 48 Ich vorne, hinter mir George,
gefolgt von Ruedi.
Foto: Marc

„Es dauert nicht mehr lange, Margitta!" Ruedi versucht, mich zu trösten.

„Gleich fängt der Asphalt an, dann kannst du wieder am Hahn ziehen." Aha. Das sagt George auch immer zu mir, wenn er mich bei Laune halten will. Und manchmal kann er den Asphalt in der Ferne schon sehen. Nur ich nicht. Ich habe ihn lieber unter den Reifen. Irgendwann ist es tatsächlich so. Wir sind schnell in Naryn zurück, fahren zur Tankstelle und danach ins Hotel von gestern. Beim Abbiegen auf den Hof fegt plötzlich eine Windböe von rechts, die mich beeindruckt. *Ups*? Wir stellen gerade die Maschinen ab, als ein ohrenbetäubendes Gewitter runter kommt.

Doppelups. Es blitzt unaufhörlich und der Donner knallt direkt über uns. Mann, hatten wir jetzt Glück! Die Motorradklamotten lassen wir wieder im Pavillon, weil die Besitzerin den Dreck nicht in den Zimmern und im Haus haben will. Kann ich verstehen. Nachts werde ich von Niesattacken geweckt, die fast eine halbe Stunde anhalten. Auch das noch. Die allergischen Anfälle kenne ich von Marokko. Dauern meistens 24 Stunden und äußern sich in einer laufenden Nase, quasi ununterbrochen, dazwischen immer wieder Niesanfälle. Nicht gerade günstig beim Motorradfahren. Kommt durch die Staubbelastung. George schläft tief und fest und bekommt meine Attacken nicht mit. Nach zwei Stunden schlafe ich endlich wieder ein.

*Abb. 49 Gerd brettert durchs Wasser,
kurz vor dem Jurtencamp Tash Rabat.
Foto: Marc*

Abb. 50 Tien Shan.
Die Farben sind einfach unbeschreiblich.
Wirkt wie eine Fotomontage, ist aber Echtzeit!
Foto: Marc

Abb. 51 Gerd geht es wieder gut. Super,
oder? Ein offroad Genie. In Bestform den
Hügel rauf. Kurz danach nicht mehr, kein
Kontakt auf den Fußrasten. Foto: Marc

15. Mittwoch, 28.06.2017. Nach Tash Rabat, Jurtenübernachtung, 120 km.

Urs der Guide hat für heute eine kurze Strecke vorgesehen. Das Wetter ist wieder trocken mit blauem Himmel. Der Staub hat sich durch das Gewitter gelegt.

Es geht auf 3.000 Höhenmeter zum nächsten Jurtencamp. Und es sind nur 15 Kilometer Schotter. Also was zum Ausruhen. Ich brauche dringend Papiertaschentücher, alles verbraucht. So etwas gibt es hier nicht, also müssen Servietten herhalten. Meine Nase rinnt unaufhörlich, ein einziger gequälter Aufschrei gegen die Staubbelastung.

Wir fahren auf der **A365** langsam aber sicher in die Höhe. Der Wind ist kalt und heftig, die Lüftungsschlitze an der Jacke werden geschlossen, ich hole sogar die Winterhandschuhe hervor. Eine kleine Wasserdurchfahrt, bei der meine Maschine scheut und stehen bleibt.

Gerd fährt mit Karacho durch. Ich sach ja, Anhalten ist nicht immer die beste Entscheidung. George fährt meine XT, stellt sich auf die Fußrasten und pflügt hindurch. Ein bisschen rutscht das Hinterrad hin und her, aber er landet sicher im Trockenen. Nicole zögert auch und schüttelt den Kopf. Der Transfer wird von Marc übernommen.

Wir sind die ersten Touristen der heutigen Übernachtung. Tash Rabat ist eine gut erhaltene ehemalige, aus dem 15. Jahrhundert stammende Karawanserei im Distrikt Atbaschi im Gebiet Naryn und liegt auf 3105 Metern Höhe. Nach Wikipedia bedeutet der Name „Steinerne Herberge". Zuvor soll es ein Kloster gewesen sein. Die Umwidmung erfolgte aufgrund der berühmten Seidenstraßenhandelsroute zwischen den Städten Kaschgar und Xinjiang in China. Tash Rabat ist heute eine Touristenattraktion und auf dem 20-Som-Schein abgebildet.

Die chinesische Grenze liegt am Torugat Pass mit 3752 Metern Höhe und ist nur wenige Kilometer entfernt. Der Grenzübergang ist nur Kirgisen gestattet, Ausländer benötigen ein Visum. Das wird nur ausgestellt, wenn sie in China einen Begleittransport bezahlen, der mehrere Hundert Dollar kostet.

Die Kirgisen stehen zu einem Drittel der Bevölkerung den Chinesen misstrauisch und abweisend gegenüber und halten es lieber mit den Russen, obwohl sie für beide Länder sinnvolle Handelsbeziehungen pflegen. Mit privaten Fahrzeugen darf der Pass von Touristen nicht befahren werden. Zudem ist er ausschließlich von Montags bis Freitags geöffnet, und nur stundenweise in den verschiedenen Richtungen. Die Strecke ist eine Piste und erst nach 80 Kilometern nach dem Grenzübertritt trifft man auf den chinesischen Zoll. Die Grenze wird streng bewacht. Wer sich im Grenzbereich ohne

Visum aufhält, kommt gnadenlos in den Knast.

Wenn ich an China denke, fallen mir folgende Dinge ein: Geburten- und Monatshygiene- kontrolle, Ein-Kind-Familie, Schießen auf die Bevölkerung auf dem Platz des Himmlischen Friedens, Inhaftieren von Andersdenkenden. Uns geht es doch wirklich gut, oder?

Tschingis Aitmatow, der 2008 verstorbene und in Kirgisien sehr verehrte Schriftsteller und späterer Berater Gorbatschows, hat den Pass 1970 in seiner Novelle:
‚Du meine Pappel im roten Kopftuch' mit der Geschichte eines LKW-Fahrers beschrieben. Den Titel finde ich einfach umwerfend! Ich habe von ihm bisher ‚Djamila' gelesen, eine konfliktreiche Liebesgeschichte einer verheirateten Frau in den Zeiten des Zweiten Weltkrieges, die leider aus der Perspektive des fünfzehnjährigen Schwagers von Djamila

beschrieben wird. Da hätte er mehr draus machen können.

Sein Roman: ‚Ein Tag länger als ein Leben' handelt von einer kleinen Bahnstation in der Steppe. Ein Arbeiter ist gestorben, der alte Edige will ihm nach alter Sitte die letzte Ehre erweisen. Während sich die kleine Trauerkarawane auf den Weg macht, mitten durch militärisch abgeschirmtes Gelände, starten von einem nahegelegenen Kosmodrom mehrere Raketen. Ein interplanetarischer Zwischenfall, von beiden Supermächten verschwiegen, verunsichert Amerikaner wie Russen und droht sie in den alten Konflikt zu treiben, der in der globalen Zerstörung endet. Spannender Stoff, düster und mit einem Hang zum Fatalismus geschrieben. Stimmte mich sehr nachdenklich.

Abb. 52 Ende Gelände, Ausfahrt George.

Abb. 53 Kirgisische Sauna von außen.

den Finger nicht. Braucht er am Gas auch nicht unbedingt.

Das Wetter verdüstert sich plötzlich und dann kracht es auch schon. Erst kommt der Regen, dann der Hagel. Gut, dass wir schon angekommen sind. Olubek fällt vom Pferd, als die Stute plötzlich in die Knie geht. Zum Glück ist außer seinem Stolz nichts verletzt. Usbeken sind wie die Kirgisen die geborenen Reiter. Selbst die Kinder mit einem Kleinkind vorne weg sitzen sicher im Sattel.

Abb. 54 Saunaraum. Die Milchkanne dienst als Wasserreservoir, in der grünen Schüssel werden die Füße gewärmt.
Mit der Schöpfkelle knallt man das Wasser für den Aufguss rein.
Das seitliche Loch im Ofen dient als Aufgusseinlass.
Vorsicht! Verbrühungsgefahr durch Wasserdampf
die männlichen Beinhaare. Vorteil: Man braucht kein Wachsing me
ie Sitzbank bietet Platz für drei Personen und hat einen Teppich als
Komfortunterlage. Im Boden befindet sich ein Abfluss, sodass das
chen gleich mit erledigt wird. Ein unvergessliches Erlebnis für die
EN ISO Standard Verliebte. Foto: Urs K. der Zweite

Abb. 55 Unwetter in Tash Rabat

**Abb. 56 Kinder gemeinsam auf einem Pferd.
Im Hintergrund die Karawanserei.**

Abb. 57 Jurtendach. Symbol auf dem kirgisischen Wodka und auf der Landesflagge.

145

Abb. 58 Gewitter über dem Jurtencamp

Wir legen uns alle aufs Ohr, bis die Sauna angeheizt wird. Die Gegend ist so klasse und die Stille wieder greifbar. Sie ist einfach unbeschreiblich, sie hüllt einen regelrecht ein und man wird auf sich selbst zurückgeworfen. Hier ließe es sich sicher gut Romane schreiben. Sofern man dauerhaft auf einen Internetanschluss verzichten kann.

Die Sauna besteht aus einem circa vier Quadratmeter großen Schieferbau mit winzigem Fenster. Diese sind unterteilt in Umkleideraum und dem Saunaraum. Der Ofen wird mit Holz von der Umkleide aus befeuert. Innen befindet sich eine Sitzbank mit teppichähnlicher Decke für maximal drei Personen, zwei große Kübel Wasser und eine Schüssel zum Füße anwärmen. Der Ofen hat eine seitliche Öffnung, in der die heißen Steine liegen. Das Duschen und die Körperreinigung findet gleich im Saunaraum statt, denn im Boden befindet sich ein Abfluss. Seife und Rasierzeug vom

Gastgeber sind auch vorhanden und Ruedi setzt sich aus Versehen auf ein Seifenstück.

Nachdem wir so richtig durchgefroren sind, ist die Hitze ein Genuss. Urs der Zweite und Ruedi nehmen mich in die Mitte und er zeigt mir gleich die Zeremonie des Aufgusses. Mit deutschen Sicherheitsstandards für Saunabetriebe unvereinbar. Urs flüchtet in die Türöffnung und presst sich gegen die Wand. Der Dampf entströmt nach dem Kellenklatsch ins Steinloch mit geschätzten zwei Atü unverzüglich wieder heraus, prallt an die gegenüberliegende Wand, schlägt bis an die Decke und senkt sich unheilvoll mit gnadenlosem Hitzeprall auf uns herab. Das Atmen fällt erst schwer, dann kommt die Entspannung pur. Fehlt eigentlich nur ein kleines Tröpfchen Eukalyptus oder Rosmarin, dann wäre es perfekt. Ruedi hatte sich beim ersten Aufguss die Haare an den Unterschenkeln versengt.

George hasst Sauna und fährt stattdessen eine weitere Runde mit der XT.

Abb. 59 Kirgisisches Murmeltier.
Größer als die uns bekannten Nager
in den Alpen.

Beim Abendessen im Küchenzelt lernen wir die Tochter des Gastgebers kennen. Sie spricht perfektes Englisch und deckt die Tische, an ihrem Bein klebt die dreizehnmonatige Tochter. Sie hat Informationstechnologie studiert und ist jetzt in der Elternzeit. Im Winter sind sie in der Stadt, dann ist es hier zu kalt. Die Jaks bleiben das ganze Jahr hier oben und sind jetzt noch höher gezogen.

„Das ist wichtig, damit hier das Gras nachwachsen kann.", erzählt sie. „Diese Tiere sind allein für die Fleischzucht wichtig. Die Fohlen werden im September auf dem Pferdemarkt verkauft. Eine wichtige Einnahmequelle für uns sind die Touristen hier im Jurtencamp. Es ist jeden Tag voll belegt."

Das Abendessen ist einfach, aber sehr schmackhaft. Schließlich muss jede Tomate hier vor Ort gebracht werden. Es gibt eine Gemüsesuppe, Salat und Gulasch mit einer halben Reiskugel. Der Tisch ist reichlich gedeckt mit Trockenobst, Nüssen und Süßigkeiten. Der Ofen besorgt das heiße Wasser für den Chai, der praktisch immer und überall serviert wird. Olubek verfeinert ihn mit Himbeermarmelade. *Okay?* Ich trinke ihn nur, wenn mir kalt ist und das ist jetzt der Fall. Die phasenweise herab stürzenden Gewitter sorgen für eine ungesunde Feuchtigkeit. Als wir in unsere Jurte gehen, bullert dort schon der Ofen.

Die Wärme hat auch ein paar Mäuse angelockt. Nachts verspürt Ruedi ein dringendes Bedürfnis, hat überhaupt keine Orientierung und steigt zu George ins Bett. George findet unsere Jurte bei der Rückkehr von der Toilette nicht mehr und landet in der falschen Unterkunft. Der Irrtum klärt sich schnell, die Damen sind *not amused*.

Die Höhe von 3.000 Metern macht sich im Liegen nochmals deutlich bemerkbar. Ich kann den Atem nicht für drei Sekunden anhalten und muss wiederholt tief, tief einatmen. Mehr Beeinträchtigungen verspüre ich aber nicht.

16. Donnerstag, 29.06.2017. Nach Kazarman, 240 km

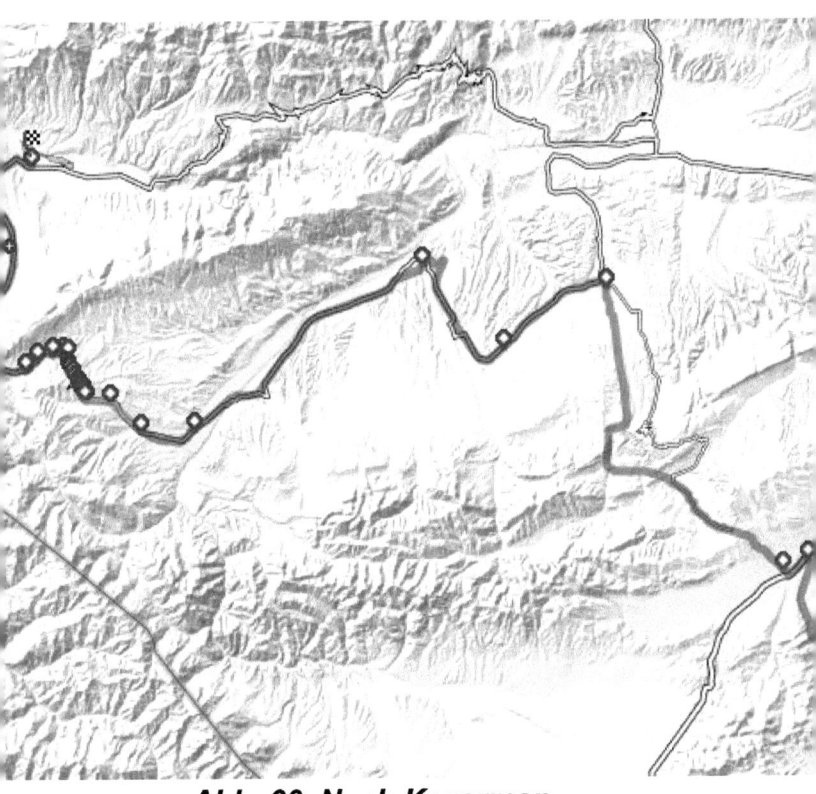

Abb. 60 Nach Kazarman

Das wird heute eine Herausforderung. Fast ausschließlich Schotter. Zum Glück scheint die Sonne morgens vom blauen Himmel, die Gewitter haben sich verzogen und mit allzu viel Matsch darf nicht gerechnet werden. Dafür wieder mit umso mehr Staub.

Zunächst habe ich einen guten Lauf, fahre mit 70 km/h auf dem Schotter und bin ziemlich entspannt, weil ausgeruht. Hatte mir Urs der Guide ja gestern verordnet.

Dann wendet sich das Blatt. Bei plötzlich auftretenden größeren Steinansammlungen bleibe ich nicht am Gas und vergesse die Blickführung. Also eigentlich gucke ich falsch, nämlich links von der Strecke ins Gelände und finde mich auf der Wiese mit noch mehr Steinen wieder. Ups. Das wird nichts mehr – ein Grasbuckel von fast fünfzig Zentimetern baut sich vor dem Vorderrad auf.

Bleibt nur eins: Abwürgen und ablegen. Sozusagen kontrolliert. Ich meine, es war mehr ein Manöver des letzten Augenblicks.

Motor abstellen, schon mal den Lenker nach rechts, ups, geht nicht. Die Steine blockieren das Vorderrad. George hat mich bei Verlust des Sichtkontakts im Spiegel schnell gefunden, Olubek stoppt den Toyota. Sie heben die Maschine auf, Olubek checkt sie auf gravierende neue Macken – sie hatte ja vorher schon reichlich – und fragen, wie es mir geht.

Außer, dass ich verdattert den Kopf schüttele, warum ich hier so offroad rumstehe. Na ja. Ich bekomme sogar ein Lob, weil ich richtig gehandelt habe – Maschine hinwerfen.

Weiter geht es. Nun ist der Wurm aber richtig drin, oder vielmehr die blöden dicken Felsstücke. Ich lande plötzlich links von der Route in der Wiese, bleibe aber am Gas und drehe den Kopf wieder in die richtige Richtung – zurück zur Schotterstrecke. Schüttele das behelmte Haupt über so viel Blödheit und fahre weiter. Beim nächsten Stopp bekomme ich wieder ein Lob: gut gemacht, nicht abgelegt.

Und dann kommt es richtig dicke. Ein ausgetrocknetes Flussbett von zirka 500 Metern Breite gilt es zu durchqueren. Von den ganzen Steinen hier will ich lieber nichts schreiben, aber die Route schlängelt sich eng und kurvig durch, garniert mit Sand und viel Geröll.

Ich verliere schon wieder die Blickführung, obwohl ich eigentlich nur George hinterherschauen müsste. Es wird unübersichtlich und ich ramme seitlich rechts von dieser seltsamen Strecke einen Steinhaufen. Dieses Mal lege ich sie unkontrolliert und abrupt auf die linke Seite. Das rechte Lenkerende rammt mir in den Oberschenkel, die Maschine fällt mir quasi auf den linken Fuß. Oh, schei....

Außer blaue Flecke und der Stolz ist nichts verletzt. Ruedi fährt mir die XT aus dem Geröll. Das Hinterrad gräbt sich tief ein, aber mit viel Gas wird sie wieder auf den Flussbettpfad gebracht.

Hinsetzen, Zigarette rauchen und sammeln. Wir haben erst fünfzig Kilometer von 240 geschafft. Na, das kann ja heiter werden. Irgendwann ist dieses Flussbett durchquert und wir fahren Richtung Tankstelle, danach zu einem winzigen Restaurant, in welchem wir mit Hackfleisch und Zwiebeln gefüllte Teigtaschen serviert bekommen. Dazu gibt es eine superscharfe Chilisauce und Chai.

Und diese Strecke ist eine Hauptverbindungsachse. Sagenhaft, wie stressresistent die Autofahrer hier sind.

Nach einer gefühlten Unendlichkeit ist der Horror vorbei und es geht in Serpentinen ohne nervendes Geröll rauf und runter.

**Abb. 61 Ausgetrocknetes Flussbett.
Nach dem ersten Sturz.**

Plötzlich ist George nicht mehr im Spiegel zu sehen.

Urs der Guide hält an, wir warten. Und warten und warten. Niemand kommt. Urs fährt zurück. Jetzt warte ich alleine. Und warte und warte. In dem Moment, als ich beschließe zu wenden, kommt Urs angefahren.

„George hat ein technisches Problem mit der Maschine. Wir müssen sie aufladen, sie fährt nicht mehr!"

Soso, ein technisches Problem. Das ist ja ganz was Neues. Also drehen und zurück. Zum Glück ein technisches und kein körperliches Problem. Ruedi, George und die Passagiere eines kleinen LKWs stehen am Straßenrand und debattieren. Ruedi kniet vor Georgs XT und schaut ernst drein. Was ist es dieses Mal? Die Ritzelmutter ist abgefallen, weil nicht gesichert. Also kein Vortrieb mehr, die Kette bewegt sich nicht. Der LKW-Fahrer will sie aufladen, dazu braucht es sechs Leute, die die XT hochheben und auf die Ladefläche hieven. Sie haben so viel Schwung aufgebaut, dass der LKW-Fahrer samt der XT nach hinten auf die Ladefläche kippt.

„Margitta, willst du bei George oder Ruedi hinten drauf fahren?", fragt mich Susanna. Nee, das will ich mal überhaupt nicht. Das wäre ja echt der krönende Abschluss der pannen- und sturzlastigen Tour heute. Ich schüttele entschieden den Kopf.

„Nein, dann fahre ich im Auto mit und George fährt meine XT. Hintendrauf bei den Dingern geht überhaupt nicht, ich sterbe tausend Tode!"

„Dachte ich mir.", sagt George. „Hintendrauf, das ist nichts für dich." Also, alle Gepäckstücke neu sortiert, damit die Sitzbank runtergeklappt werden kann. Olubek fragt, ob Lady Margarita auch gut sitzt, als es weiter geht. Ich sitze super. Ein Bein an die Hecktür gestemmt, das andere im Taschengewühl, einen Griff zum Festhalten gibt es nicht. Der Staub dringt selbst beim Fahren durch die Ritzen der Hecktür.

Abb. 62 Aufladen der XT mit vereinten internationalen Kräften.

17. Freitag, 30.06.2017. Zurück nach Osh, 250 km.

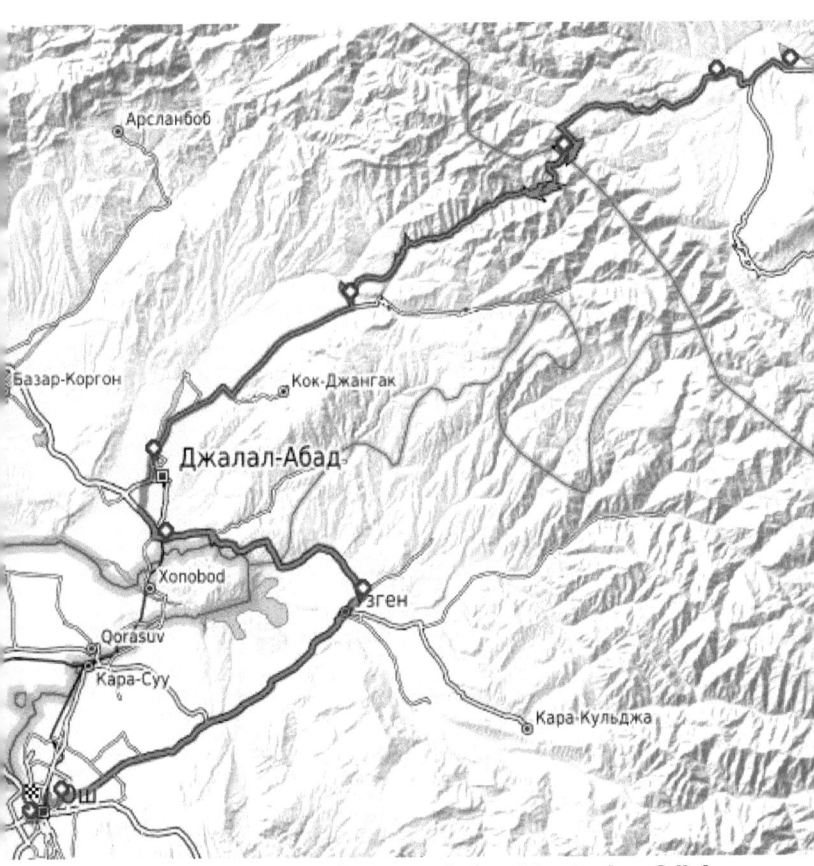

Abb. 63 Zurück nach Osh, auf der Karte im Süden

Die Fahrt im Auto ist alles andere als bequem. Manchmal werde ich 10 Zentimeter in die Höhe gelupft, obwohl Olubek sehr umsichtig fährt. Die Packtaschen und die Jacken haben ein Eigenleben und fliegen regelrecht durch die Gegend.

Der einzige Vorteil: Ich kann mir die Landschaft in Ruhe anschauen.

Wir fahren heute zwei Pässe hoch, dann geht es wieder in die Niederungen mit 35 Grad Hitze. Einige Passagen sind kniffelig. Matsche, tiefe Matsche. Staub, Staub und nochmals Staub. Ich bin nicht böse, im Auto sitzen zu müssen.

Mittags kehren wir wieder im Restaurant am Kreisverkehr ein. Hier ist es wieder gerappelt voll. Und das Essen ist super, ich nehme einen Schaschlik Spieß. Die Hitze hat uns wieder. Ich kühle mir die Füße am Brunnen und bin traurig, weil es nun stetig zum Ende der Tour geht. Sind die zwei Wochen wirklich schon rum?

Abb. 64 **Blick über das Tien Shan Gebirge.**
George (links) und Urs der Guide.

*Abb. 65 Gnadenlos schöne Ausblicke
auf dem Rückweg nach Osh.*

18. Samstag, 01.07.2017 In Osh

So, die Motorräder werden heute abgeholt. Wir verdaddeln den Tag in Osh und lernen einige Neuankömmlinge kennen, die morgen mit Ténérés starten. Bin ich etwa neidisch? Nein. Ich bin traurig, weil wir morgen alle Abschied voneinander nehmen müssen.

Die Zeit im Flieger rechne ich nicht mehr mit. Und ich wünschte mir, wir könnten noch hierbleiben, bei diesen freundlichen Menschen in dieser unglaublichen Landschaft, und mit dieser tollen Gruppe. Echt, ihr ward toll! Wir hätten vier Wochen Zeit haben sollen oder noch mehr ...

Abb. 66
Ankunft im Classic Hotel in Osh. Staubtrocken.
Zum Glück gibt es kirgisisches Bier.
Von links nach rechts: George, ich, Susanna, Urs II.,
Gerd, Urs der Guide, Ruedi, Nicole und Marc.

Abb. 67 Herstellen von Nägeln,
Teamwork in Handarbeit.

Abb. 68
Fleischtransport. Frischer geht es nicht mehr,
morgens geschlachtet, abends verkauft.

Was macht man den Tag in Osh? Na, wir
gehen natürlich auf den Basar. Das
Gedränge ist erträglich, es gibt einiges zu

bestaunen. Zum Beispiel die Werkstätten, in der noch richtig Handarbeit gefragt ist. Auf der Suche nach bestimmten Messern, die aus alten Ventilen geschmiedet werden. Der Hersteller wird auch gefunden, aber George gefällt kein Messer, doch Marc und Urs der II. kaufen eins.

Die Garküche, in der der Grillmeister im dichten Qualm nicht mehr zu erkennen ist.

Abb. 69 Der Grillmeister bei der Arbeit.
Die Dunstabzugshaube funktioniert nicht.
Erstaunlich, was ein Mensch aushalten kann.

Abb. 70 Schmackhafte Fladenbrote.
Die Muster in der Mitte verraten den Bäcker.

*Abb. 71 Blechherstellung. Sie freuen sich,
dass wir sie fotografieren.*

Der Tag ist schnell vorbei und abends gehen wir das letzte Mal zusammen essen. Olubek und sein Bruder sind auch dabei. Um 5 Uhr werden wir morgen zum Flughafen aufbrechen.

19. Danksagung

Das Beste habe ich mir ganz zum Schluss aufbewahrt, nämlich den Dank an die Liebe meines Lebens – George. Mit dir fahre ich (fast) überall hin, auch wenn ich dabei nicht ständig gute Laune habe. Du bist auf der Reise des Lebens immer neben mir und ich danke dir, dass es dich gibt. Du hebst meine Karren auf, lieferst Zuspruch und Tipps für neue passende Maschinen, verteilst Lob im richtigen Moment und sorgst dafür, dass ich einen gescheiten Kaffee bekomme.

Und ich danke dir, Urs Jutz, unserem Guide. Mein Vertrauen in dich war die ganze Reise unerschütterlich. Du hast mit deinen Erzählungen die Abende bereichert und zugegeben, dass du zu faul bist, im Stehen zu fahren. Das hat mir sehr imponiert.

Olubek verdient meinen ganz besonderen Dank. Deine Geduld kann ich überhaupt nicht beschreiben. Du hättest uns Frauen unter Einsatz aller Kräfte auch vor wilden Tieren beschützt. Ich habe mich jeden

Moment im Auto wohlgefühlt. Deine vorsichtige und einfühlsame Fahrweise und deine Hilfsbereitschaft haben mich tief berührt. Du hast die XTs gründlich jeden Abend überprüft. Das war für meine Vertrauensbildung unglaublich wichtig, ich habe mich sicher gefühlt. Ich wünsche dir und deiner Familie alles alles Gute!

Und danke an den Rest der Gruppe, die auch schwächere Pistenfahrer wie mich tolerierten. Der Abschied von euch ist mir sehr schwergefallen und ich würde mich freuen, wenn wir uns irgendwann wiedersehen. Euch immer die richtige Schräglage und festen Stand auf den Fußrasten im Gelände.

Und falls euch meine weiteren Veröffentlichungen interessieren – die kommen jetzt.

20. Weitere Veröffentlichungen

Motorradfahren ist gefährlich. Das ist unbestreitbar, genauso wie Rauchen, Fallschirm- springen, Hornbach Projekte, im Extremfall sogar Hausarbeit. Im Laufe von zwanzig Jahren auf dem Motorrad haben sich diverse Erfahrungen auf meinem Erinnerungstacho angesammelt. Skurriles, Komisches, Tragisches und Entbehrliches.

Das Titelbild entstand in unserem Urlaub in Bulgarien 2015, als die Batterie der Huskie plötzlich qualmte und wir mitten in der Pampa das letzte Trinkwasser zum Abkühlen opferten.

In 2012 begeisterte uns Rumänien durch die Freundlichkeit, die Aufbruchsstimmung im Land und die Fähigkeit der Rumänen, trotz des schweren Alltags mit einem Lächeln in die Welt zu sehen. Besonders beeindruckend: die LKW-Fahrer. Die bremsen nicht, die hupen!

Unsere Balkansucht begann hier.

Länder für Aktivurlauber und El Dorado an Kurven. Im Zeichen der Flüchtlingskrise. Bulgarien bietet Bilder voller Gegensätze: Pferdekarren im dichten Stadtverkehr, Rinder, Schafe am Straßenrand, Prini- und Rilagebirge und die sanften Hügel der Rhodopen im Süden. Bei Amazon, Twentysix und Tolino.

182

Madeira ist nichts für Anfänger!

Stellenweise Gefälle bis zu 40 %, Kurven, Kurven und nochmals Kurven. Steile Auf- und Abfahrten auf engsten Straßen. Bei Amazon als eBook und Kindle unlimited.

Meine Kurzgeschichtensammlung über die Tragiken des Alltags, über die man lieber nicht spricht, aber gerne liest und sich freut, dass es einen nicht selbst getroffen hat.

Die Idee zu: „Assistentin des Sisyphus" wurde hier geboren. Bei Tolino und Neobooks. Stellen Sie sich vor, Ihr Ehemann öffnet Ihnen die Türe, hat ein Messer im Bauch und riecht nach E605. „Das Abwasser läuft in die Wand!", sagt er.

Marokko muss man erlebt haben!
Reisebericht „Marokko mit dem Motorrad",
auf eigene Faust in einer Kleingruppe.
Etappen der Extreme: Berge, Pässe, Wüste
und Küste in drei Wochen. Ohne Garmin und
mit unzuverlässigen Landkarten.

Marbie Stoner

Marokko mit dem Motorrad

Eine Reise für
Unerschrockene

Abseits der üblichen Pfade über Militärstraßen und Schotterstrecken. Eine viertägige Tour mit dem Enduropark Hechlingen im September 2015.

MARBIE STONER

DIE ASSISTENTIN DES SISYPHUS

Katharina, Einzelgängerin, 29 Jahre und Motorradfahrerin, ist Krankenschwester mit einer speziellen Persönlichkeit in ungewöhnlicher seelischer Landschaft.

In emotionaler Abhängigkeit steht sie unter dem Einfluss ihrer lesbischen Schwester Florentine, einer Staatsanwältin am Frankfurter Amtsgericht. Bei einer Tour in den Schweizer Bergen begegnet sie dem Mythos Sisyphus und lernt seine Deutung des Steineschiebens in einem Menschenleben kennen: Menschen dürfen durch die moderne Medizin nicht von ihrem Fels getrennt werden. Fortan bestimmt der Mythos ihr Denken und Handeln mit dem Ziel, den Menschen durch aktive Sterbehilfe wieder zu ihrem Stein zu verhelfen.

Plötzlich sterben Menschen in Katharinas Umfeld. Ihr Vater – verwahrlost im Finalzustand seiner Alkoholkrankheit – soll im Pflegeheim zum Sterben untergebracht werden. In dieser Situation lernt sie Christoph kennen. Auch er muss eine schwierige Entscheidung treffen. Seit einem Motorradunfall liegt seine Frau in einem Pflegeheim im Wachkoma. Er will, dass die lebens- verlängernden Maßnahmen eingestellt werden, trifft allerdings auf massiven Widerstand in der Pflegeeinrichtung.

Bestellbar im (online) Buchhandel unter der ISBN: **9783740730536.**

Und nach der Lektüre denken Sie über eine Patientenverfügung nach. Garantiert.

Besuchen Sie meine Website!
http://www.margitta-bieker.de

Oder meinen Blog
http://marbieblog.wordpress.com

Die linke Hand zum Gruß!